キャプテン翼 のつくり方

高橋陽一

repicbook

はじめに

『週刊少年《しゅうかんしょうねん》ジャンプ』で『キャプテン翼《つばさ》』の
連載《れんさい》がスタートしたのは、1981年の早春。
僕《ぼく》がまだ20才のときだ。
あれから38年の月日がたった。
東京オリンピック・パラリンピックが
開催《かいさい》される2020年には、僕《ぼく》は60才になる。
これまで、自分の人生を振《ふ》り返ることは
あえてしてこなかったが、60才の節目《ふしめ》を前にして、
一度、ちゃんと振《ふ》り返ってみるのも良《よ》いのではと
思い、この自叙伝《じじょでん》を出すことを決めた。

僕《ぼく》の願《ねが》いは、『キャプテン翼《つばさ》』を通じて、
世界中の子どもたちが、夢《ゆめ》を持ってくれることだ。
自分の描《か》いたマンガが、コミックスになり、
アニメになり、さまざまな言語に翻訳《ほんやく》されて、
世界中の子どもたちに親しまれる作品になった。
これほど幸せなことはない。
この『キャプテン翼《つばさ》のつくり方』を手に取った
子どもたちが、初《はじ》めて『キャプテン翼《つばさ》』を
読んだときと同じように、
夢《ゆめ》を持つことの大切さを
改《あらた》めて感じてくれることを願《ねが》う。

高《たか》橋《はし》陽《よう》一《いち》

目次

目次

東邦

adidas
S.F.C

第1章

東京の下町・葛飾《かつしか》で生まれる

今から50年ほど前の東京。1964年に最初《さいしょ》の東京オリンピックが行われた数年後、都内の東側《ひがしがわ》に位置《いち》する葛飾区《かつしかく》の商店街《しょうてんがい》を、一人の小学生が歩いている。野球帽《やきゅうぼう》を誇《ほこ》らしげにかぶった男の子で、右手には『週刊《しゅうかん》少年《しょうねん》ジャンプ』というマンガ雑誌《ざっし》を抱《かか》えている。

野球帽《やきゅうぼう》にマンガ雑誌《ざっし》の男の子。それが小学生時代の僕《ぼく》だ。僕《ぼく》はもうすぐ60才になるけれど、当然《とうぜん》、君と同じように子どものころがあった。外で遊ぶのが大好《だいす》きで、家ではテレビにかじりついていて、勉強は得意《とくい》でも不得意《ふとくい》でもない。隣町《となりまち》に住んでいたいとこの家で『週刊少年《しゅうかんしょうねん》ジャンプ』を読むのが何よりの楽しみだった。たぶん、君の周《まわ》りにもそういう友だちがたくさんいるだろう。昔も今も、どこにでもいるような男の子だ。

僕《ぼく》が生まれたのは１９６０年7月28日。日本の元号でいえば昭和35年で、第二次世界大戦《だいにじせかいたいせん》が終わってから、まだ15年しかたっていない年だ。君からすれば大昔のことのように感じるかもしれない。

あのころ、僕《ぼく》の家にテレビはあったけれど、洗濯機《せんたくき》はなかった。テレビがない家は少なくなかったし、波状《はじょう》の段《だん》が加工《かこう》されている洗濯板《せんたくいた》と、丸くて平たい〝たらい〟と呼《よ》ばれる容器《ようき》に水をためて、汚《よご》れた洋服を手でごしごしと洗《あら》う家庭が多かった。

僕《ぼく》は生まれも育ちも葛飾区《かつしかく》だ。江戸川《えどがわ》と荒川《あらかわ》といった川が流れていて、小さな店や工場が集まっている町。活気に満《み》ちた下町で、そこに住む人々はおせっかいと言ってもいいくらいに優《やさ》しくて、人情味《にんじょうみ》にあふれている。僕《ぼく》は葛飾区《かつしかく》の西側《にしがわ》、荒川《あらかわ》の川沿《かわぞ》いにある四《よ》つ木《ぎ》という場所で少年時代をすごした。

四《よ》つ木《ぎ》の近くには堀切菖蒲園《ほりきりしょうぶえん》という公園がある。6月上旬《じょうじゅん》から中旬《ちゅうじゅん》にかけて、菖蒲《しょうぶ》という紫色《むらさきいろ》の花が咲《さ》き誇《ほこ》る場所だ。江戸時代《えどじだい》の葛飾《かつしか》はこの公園を訪《おとず》れる人や柴又帝釈天《しばまたたいしゃくてん》と呼《よ》ばれるお寺に参拝《さんぱい》する人が多く、観光地《かんこうち》としても知られていた。

葛飾《かつしか》は湖や沼《ぬま》が多く、鶴《つる》や鴨《かも》がたくさんやってくる場所だったため、

江戸時代《えどじだい》には数人で戦略《せんりゃく》を練って、訓練《くんれん》した鷹《たか》を使って獲物《えもの》をとらえさせる鷹狩《たかが》りに適《てき》する土地としても有名だった。江戸幕府《えどばくふ》の将軍《しょうぐん》たちも鷹狩《たかが》りを楽しむため、この町をよく訪《おとず》れたという。

職人《しょくにん》だった父親の背中《せなか》を見て育つ

そんな歴史《れきし》のある場所で、僕《ぼく》の人生は始まった。１９６０年に僕《ぼく》が生まれたとき、父親は29才で、母親は24才だった。僕《ぼく》は長男で、そのあとに弟が２人生まれた。学年でいえば、次男が１つ下、三男が４つ下だ。３人兄弟でにぎやかだった。

家族全体もにぎやかというか、活気があった。父親と母親に、祖父《そふ》と祖母《そぼ》、それに兄弟3人の合計7人暮《ぐ》らしだった。荒川《あらかわ》の土手沿《どてぞ》いにある家は1階建《かいだ》てで、六畳二間《ろくじょうふたま》と四畳半《よじょうはん》の小さな家だった。たった3部屋の家で、7人がぎゅうぎゅう詰《づ》めといった感じで生活を送っていた。

父親は最初《さいしょ》、工場に勤《つと》めていたけれど、僕《ぼく》が小学校に上がったくらいのころに職人《しょくにん》として独《ひと》り立ちした。自分の家に作業場をつくって、一人で仕事をこなす道を選《えら》んだのだ。

具体的《ぐたいてき》にはゴムパッキンをつくるのが父親の仕事だった。毎日毎日、車のヘッドライトなどのクッションになる部品をゴムでつくっていた。

家の小さいスペースに置《お》いた機械《きかい》に専用《せんよう》の液体《えきたい》をたらして、回転している部分にゴムを挟《はさ》んで上からスライスしていく。注文が来たらそのオ

ーダーに合わせて、ミリ単位《たんい》でいくつものゴムパッキンを仕上げていった。1個《こ》につき1円から2円という金額《きんがく》の仕事だった。それでも、父親からしてみれば、自分のがんばり次第でなんとかなるという人生が魅力的《みりょくてき》に映《うつ》ったようで、独立《どくりつ》という選択《せんたく》をしたのだと思う。

父親には本当に感謝《かんしゃ》している。今思い返すと、当時の暮《く》らしは決して裕福《ゆうふく》ではなかった。７人で囲《かこ》む食卓《しょくたく》のおかずは、正直、地味なものだった。今や僕《ぼく》の身長は１８０センチを超《こ》えているけれど、小学校を卒業《そつぎょう》するときは一番背《せ》が低《ひく》かったし、ひょっとしたら栄養《えいよう》が足りていなかったのかもしれない。

けれども、７人でわいわい言いながらすごす食事の時間は楽しかったし、家族を支《ささ》えるため、小さな作業場で黙々《もくもく》と機械《きかい》に向かっていた父親の背中《せなか》は今でも忘《わす》れられない。7人家族を養《やしな》わなければならないという決意もあったのだろう。子どもも心にも父親は仕事熱心《ねっしん》に感じられた。

僕《ぼく》が子どものころの日本には、父親のような個人《こじん》できりもりする仕事場も含《ふく》め、大小さまざまな工場が至《いた》るところにあった。僕《ぼく》が小学生時代を過《す》ごした1960年代は〝高度経済成長《こうどけいざいせいちょう》〟と呼《よ》ばれた時期で、第二次世界大戦《だいにじせかいたいせん》の敗戦《はいせん》から立ち直ろうと日本全体が必死《ひっし》だった。焼《や》け野原の中からあらためて国全体をつくり直す必要《ひつよう》があったからだ。東海道新幹線《とうかいどうしんかんせん》ができたのは東京オリンピックが行われた1964年だし、東名高速道路が開通したのは1968年だった。大都市間の交通整備《こうつうせいび》も含《ふく》め、必然的《ひつぜんてき》にいろいろな仕事が生まれた。仕事が多ければ、当然《とうぜん》それぞれの家庭の収入《しゅうにゅう》も増《ふ》え、経済的《けいざいてき》にも満《み》たされていく。

葛飾区《かつしかく》も現在進行形《げんざいしんこうけい》で変《か》わっていった。僕《ぼく》が生まれる前には大規模《だいきぼ》な公団住宅《こうだんじゅうたく》が建《た》てられていたし、僕《ぼく》が子どものころにも区内の農地は工業地や住宅地《じゅうたくち》に姿《すがた》を変《か》えていった。葛飾区《かつしかく》の人口が町の成長《せいちょう》を物語っている。１９５５年には約《やく》30万人だったのが、１９７０年には約《やく》1・5倍の46万人に達《たっ》している。人が増《ふ》えたのは、それだけ仕事があったからだろう。

僕《ぼく》が少年時代を送ったのは、まさに日本が豊《ゆた》かになろうというエネルギーに満《み》ちていた時期のことだった。

小学生のころの夢《ゆめ》はプロ野球選手《せんしゅ》

生活が充実《じゅうじつ》しつつあったとはいえ、今から50年以上《いじょう》も前の話だ。今とはやっぱり環境《かんきょう》はまったく違《ちが》う。子どもの遊び方も当然《とうぜん》今とは異《こと》なる。コンピューターゲームはなかったし、テレビを録画《ろくが》するような機械《きかい》もなかった。もちろん、パソコンだってスマートフォンだってなかった。

そんな環境《かんきょう》で、僕《ぼく》が夢中《むちゅう》になったのが野球とマンガだった。当時の男の子たちにとって、野球というスポーツは、誰《だれ》もが当然《とうぜん》通るべき道のようなものだった。驚《おどろ》く人もいるかもしれないけれど、サッカーはまだそれほど知られていなかった。一方、野球は親たちの影響《えいきょう》もあって日常生活《にちじょうせいかつ》に溶《と》け込《こ》んでいた。

当時の野球界のヒーローといえば、王貞治《おうさだはる》さんと長嶋茂雄《ながしましげお》さんだ。読売《よみうり》ジャイアンツ、通称《つうしょう》〝巨人《きょじん》〟の中心メンバーで、とにかくホームランをよく打つ2人は大人にとっても子どもにとってもあこがれの存在《そんざい》だった。巨人《きょじん》は僕《ぼく》が5才のときの1965年から9年連続《れんぞく》でセントラル・リーグとプロ野球日本シリーズの優勝《ゆうしょう》を果《は》たしている。

とはいえ、僕《ぼく》と父親はどちらかといえば、〝巨人派《きょじんは》〟ではなかった。絶対的《ぜったいてき》な力を誇《ほこ》る集団《しゅうだん》より、強者に立ち向かう勇気《ゆうき》を持つチームを応援《おうえん》したくなる点で、僕《ぼく》と父親は似《に》ていたように思う。ただ、のちに〝高度経済成長《こうどけいざいせいちょう》〟と呼《よ》ばれた時代にあって、栄光《えいこう》を勝ち取り続ける巨人《きょじん》と、王《おう》さんと長嶋《ながしま》さんは、成長《せいちょう》と成功《せいこう》をめざして仕事に打ち込《こ》む大人たちにとって理想でありモデルケースでもあったのかもしれない。

僕《ぼく》は今、サッカーマンガ『キャプテン翼《つばさ》』のマンガ家として知られているけれど、少年時代はサッカーではなく野球に熱中《ねっちゅう》していた。小学校に入ったときにはもう、同級生と小さいボールを手で打つ野球ごっこのようなものを始めていたし、新聞紙を折《お》り曲げてつくったグローブでキャッチボールをすることもあった。

初《はじ》めて本格的《ほんかくてき》なグローブを買ってもらったのは小学3年生か4年生のときだったと思う。うれしくてうれしくて、毎日のように友だちや弟とボールを投げ合った。1人のときは、かわら屋根の上にボールを投げて、落ちてくるボールをキャッチするだけで楽しかった。

そして、僕《ぼく》の野球熱《やきゅうねつ》は自宅《じたく》の前で弟とキャッチボールするだけでは終わらなかった。試合《しあい》をしたいという思いが強まって、学校の仲間《なかま》たちと野球チームを結成《けっせい》することになった。

僕《ぼく》が通っていたのは家から歩いて10分くらいの四ツ木小学校《よつぎしょうがっこう》で、放課後《ほうかご》や休みの日には仲間《なかま》たちと学校の校庭に集まって野球を楽しんだ。大人のコーチはいなかったけれど、自分たちでユニフォームまでつくるほどの本気度だった。

僕《ぼく》のポジションはセカンド。荒川《あらかわ》の土手にある広場に行って、ほかのチームと交渉《こうしょう》して試合《しあい》を申し込《こ》み、真剣勝負《しんけんしょうぶ》をくり広げる。そんな毎日が続《つづ》いた。僕《ぼく》が住む葛飾区《かつしかく》の隣《となり》の墨田区《すみだく》で活動している本格的《ほんかくてき》な少年野球チームと試合《しあい》をしたこともある。ピッチャーが投げるボールをうまく打って、1塁《るい》、2塁《るい》と思いっきり走っていく時間は本当に楽しかった。

当時の夢《ゆめ》は、もちろん、プロ野球選手《せんしゅ》になること。華《はな》やかで、抜群《ばつぐん》の実力を備《そな》えた選手《せんしゅ》になりたかった。点がほしいときにきっちり打つホームランバッターにあこがれていた。当時の日本の男子小学生はほとんどが同じような思いを抱《いだ》いていたんじゃないかと思う。小学生の男の子にとっては、無敵《むてき》を誇《ほこ》った巨人《きょじん》の中心を担《にな》う王《おう》さんや長嶋《ながしま》さんが目標《もくひょう》であったはずだ。それほど、1960年代における王《おう》さんと長嶋《ながしま》さんは輝《かがや》いていた。文字どおり、まぶしい存在《そんざい》だった。

野球を含《ふく》め、外で体を動かすのが好《す》きだった僕《ぼく》は、自然《しぜん》とスポーツを見るのも好《す》きになっていった。初《はじ》めて世界的《せかいてき》なスポーツを見たのは4才のときだ。ものごころがようやくついたくらいの時期だったけれど、1964年の東京オリンピックをテレビで見た覚《おぼ》えがある。1972年の札幌《さっぽろ》オリンピックは、より記憶《きおく》が鮮明《せんめい》に残《のこ》っている。北海道《ほっかいどう》の札幌市《さっぽろし》で開催《かいさい》された冬季《とうき》オリンピック、スキージャンプの70メートル級では日

本人選手《せんしゅ》が、金メダル、銀メダル、銅《どう》メダルを独占《どくせん》した。日本を舞台《ぶたい》に、日本人選手《せんしゅ》が表彰台《ひょうしょうだい》を独占《どくせん》したのは、本当に誇《ほこ》らしかった。

また、家からそれほど遠くない南千住《みなみせんじゅ》に、のちにプロ野球チームの千葉ロッテマリーンズになる毎日大映《まいにちだいえい》オリオンズの球場、東京スタジアムがあったので、友だちや弟たちとよく足を運んで試合観戦《しあいかんせん》を楽しんだ。祖父《そふ》の影響《えいきょう》で相撲《すもう》のテレビ中継《ちゅうけい》もよく見たし、当時、相撲《すもう》が行われていた蔵前国技館《くらまえこくぎかん》に行って、取り組みの迫力《はくりょく》を間近で感じたこともある。

野球もそうだし、スポーツという分野でひたむきに結果《けっか》を求める人たちの真剣《しんけん》な姿《すがた》は、幼《おさ》なごころにもぐっと響《ひび》いてきた。

アニメ・マンガとの出会い

野球とともに、子どものころの僕《ぼく》が好《す》きだったのが絵を描《か》くことだった。すでに話したように、うちは父親が作業場で働《はたら》きづめの毎日だった。父親と過《す》ごす時間は少なく、祖父《そふ》と祖母《そぼ》と一緒《いっしょ》のことが多かった。2人とも僕《ぼく》が小学2年生か3年生のころに亡《な》くなっているけれど、祖父《そふ》と祖母《そぼ》との思い出は数えきれない。僕《ぼく》はいわゆる〝おばあちゃん子〟で、特《とく》に祖母《そぼ》には可愛《かわい》がってもらった。

祖母《そぼ》との思い出で忘《わす》れられない場面がある。幼稚園《ようちえん》に入る前のことで、3才くらいだったと思う。祖母《そぼ》に連《つ》れていってもらった近所の広場で、僕《ぼく》は拾ったくぎをペン代わりに地面に絵を描《か》いた。ひょっとしたら、あ

れが僕《ぼく》の人生で描《か》いた初《はじ》めての絵かもしれない。それと同じころだと思うけれど、祖母《そぼ》が大切にしていた桐《きり》のタンスにクレヨンで落書きをしたこともある。当然《とうぜん》、かみなりを落とされたけれど、それも今となってはいい思い出だ。

幼稚園《ようちえん》ではお絵かきの時間が楽しかったし、小学生になっても時間を見つけてはよく絵を描《か》いていた。絵を描《か》くことが今の仕事につながっていることを考えると、子どものころ、家にテレビがあったのは本当に幸運だったと思う。家に洗濯機《せんたくき》がなかったくらいだから、テレビがなかったとしても不思議《ふしぎ》ではなかった。実際《じっさい》、テレビが家にない友だちもいた。もし、家にテレビがなかったら、絵を描《か》くことは単《たん》なる趣味《しゅみ》で終わり、そこから先に進んでいなかったかもしれない。

小学生時代の僕《ぼく》が夢中《むちゅう》になっていた野球と絵を描《か》くことが、強く結《むす》びついたのが『巨人《きょじん》の星』というテレビアニメだった。野球に打ち込《こ》む少年の挑戦《ちょうせん》を描《か》いた作品で、僕《ぼく》が小学3年生くらいのときに放送が始まった。

『巨人《きょじん》の星』の主人公は星飛雄馬《ほしひゅうま》という少年だ。アニメの中での年齢《ねんれい》ははっきり示《しめ》されないけれど、たぶん10代前半だろう。厳《きび》しい父親の指導《しどう》のもと、プロ野球チームの巨人《きょじん》への入団《にゅうだん》をめざし、ピッチャーとして猛特訓《もうとっくん》を重ねている。そしてライバルたちとぶつかり合いながら成長《せいちょう》して、見事、高校1年のときに巨人《きょじん》入りを果《は》たす——当時の野球少年であれば、誰《だれ》もが夢《ゆめ》見ていたあこがれのストーリーだ。

アニメの中には王《おう》さんや長嶋《ながしま》さんといった実際《じっさい》に存在《そんざい》する選手《せんしゅ》も登場し、主人公の飛雄馬《ひゅうま》は野球界のヒーローたちと一緒《いっしょ》にプレーする。しかも、努力《どりょく》の末《すえ》に、飛雄馬《ひゅうま》は〝魔球《まきゅう》〟と呼《よ》ばれる誰《だれ》も見たことがない新たな

変化球《へんかきゅう》を生み出して、若《わか》いながらもプロの選手《せんしゅ》たちを次々と手玉にとっていく。野球帽《やきゅうぼう》を毎日欠《か》かさずかぶっているような男の子たちが『巨人《きょじん》の星』に心をわしづかみされるのは当然《とうぜん》だった。

テレビを見終わったら、鉛筆《えんぴつ》でアニメの登場人物を紙に描《か》いてみる。それが自然《しぜん》と僕《ぼく》の習慣《しゅうかん》になった。『巨人《きょじん》の星』も当然《とうぜん》そうだし、手塚治虫《てづかおさむ》先生の『ビッグX』、ロボットものの『鉄人28号』や変身《へんしん》ヒーローものの『ウルトラマン』など、まねして描《か》いてみたくなる作品はたくさんあった。当時はテレビの録画機能《ろくがきのう》なんてなかったから、ストーリーを追いながら人物の手の動きや表情《ひょうじょう》をじっくり見て、頭の中の写真に収《おさ》めるようにして記憶《きおく》にとどめた。そして、アニメが終わったらその映像《えいぞう》を思い出して自分で描《か》いてみるのがとにかく楽しかった。

テレビアニメと同じタイミングで、マンガという存在《そんざい》を知ったのも大きかったと思う。当時はマンガ雑誌《ざっし》がちょうど出始めたころだった。僕《ぼく》がのちに『キャプテン翼《つばさ》』を連載《れんさい》することになる『週刊少年《しゅうかんしょうねん》ジャンプ』が代表例《だいひょうれい》だ。ほかにも『週刊少年《しゅうかんしょうねん》マガジン』や『週刊少年《しゅうかんしょうねん》サンデー』、『週刊少年《しゅうかんしょうねん》キング』や『週刊少年《しゅうかんしょうねん》チャンピオン』といったマンガ雑誌《ざっし》が書店に並《なら》んでいた。

すべて男の子向けの雑誌《ざっし》で、一冊《いっさつ》の中にいくつかのマンガが収《おさ》められている。それぞれのマンガが連載形式《れんさいけいしき》になっていて、「このあと、どうなるんだろう?」と、次の週の発売が楽しみになってしまう。

『週刊少年《しゅうかんしょうねん》マガジン』で連載《れんさい》していた『巨人《きょじん》の星』や、ボクシングにのめり込《こ》む主人公を描《か》いた『あしたのジョー』が僕《ぼく》のお気に入りで、自分でも

コミックスを買って読んだ。『あしたのジョー』に出てくる主人公のジョーという少年は気が短くて血の気が多くて、でも根は優《やさ》しくてナイーブな性格《せいかく》で、本当にかっこよかった。

すでに話したとおり、当時はコンピューターゲームなんてなかった。だから、子どもたちの楽しみといえば、外で遊ぶか、テレビを見るか、マンガを読むかくらいしかない。当然《とうぜん》僕《ぼく》も、野球をして、テレビを見て、マンガを読んで、という毎日を過《す》ごしていた。50年ほど前の日本には僕《ぼく》のような男の子がたくさんいた。僕《ぼく》は、どこにでもいるような男の子だった。

それが、なぜマンガ家という、ちょっと珍《めずら》しい仕事をすることになったのか。

今振《ふ》り返ると、小学生時代の風景《ふうけい》や経験《けいけん》が原点になっているように感じる。黙々《もくもく》と自分の手で何かを生み出す父親。野球を含《ふく》むスポーツの楽しさと、スポーツにおいて一切の妥協《だきょう》なく結果《けっか》を求《もと》める人たちの真剣《しんけん》な姿《すがた》。絵を描《か》く喜《よろこ》びと、絵がストーリー性《せい》を帯《お》びて、見る人を引きつけるアニメとマンガ。僕《ぼく》はただ、子どものころに感動したものを追い求《もと》めてここまで来たのだと思う。

HIRADO
南葛

南葛

ふらの

武蔵
14

第2章

初《はじ》めての読者は弟たちと友だち

「これ、おもしろかった！　続《つづ》き読ませてよ」

小学5年生くらいから、弟たちや友だちにこう言われるのが本当にうれしかった。

僕《ぼく》は野球で汗《あせ》を流す一方、見よう見まねでマンガを描《か》き始めていた。

アニメやマンガを見て、単《たん》に絵を描《か》くところから一歩前進していた。

絵を使って物語を展開《てんかい》していくアニメやマンガは、僕《ぼく》にとって〝発見〟だった。アニメは無理《むり》だとしても、マンガは自分でも描《か》いてみたくなった。好《す》きな絵をずっと描《か》き続《つづ》けていたからだろう、そのころにはもう自分の絵ごころに一定の自信《じしん》を持っていたように思う。

実際《じっさい》、「自分は絵がうまいのかな」と思った出来事がある。『毎日小学生新聞』による絵画コンクールで入賞《にゅうしょう》したのだ。母親が僕《ぼく》に内緒《ないしょ》で応募《おうぼ》してくれたので、当時、母親も僕《ぼく》の絵がうまいほうだと思っていてくれたのかもしれない。初《はじ》めて受賞《じゅしょう》したのは5年生のときで、それ以降《いこう》も何度か入賞《にゅうしょう》した。コンクールでの受賞《じゅしょう》は自信《じしん》になったし、絵を描《か》くことがどんどん好《す》きになっていた。

マンガ雑誌《ざっし》は隣町《となりまち》に住む年上のいとこの家でよく読ませてもらっていた。それから、理髪店《りはつてん》にも『週刊少年《しゅうかんしょうねん》ジャンプ』や『週刊少年《しゅうかんしょうねん》マガジン』、『週刊少年《しゅうかんしょうねん》サンデー』や『週刊少年《しゅうかんしょうねん》キング』、『週刊少年《しゅうかんしょうねん》チャンピオン』といったマンガ雑誌《ざっし》やコミックスが置《お》いてあったから、自分の順番《じゅんばん》を待っている時間はもちろん、髪《かみ》を切り終わったあともそこに残《のこ》ってずっと夢中《むちゅう》になって読んでいた。

ある日、マンガ雑誌《ざっし》に刺激《しげき》を受けて、自分でも描《か》いてみようと思い立つと、僕《ぼく》は真っ白なノートに向き合った。小学生だからマンガ専用《せんよう》のペンがあることなんて知らない。使うのは鉛筆《えんぴつ》と消しゴムだけ。イラストの延長《えんちょう》みたいな感じで、意外と軽い気持ちで描《か》き始めてみた。

マンガの描《か》き方なんてわからないから自己流《じこりゅう》だ。というより、もっと

正確《せいかく》にいえばほとんどモノマネだった。周《まわ》りにマンガを描《か》いている年上の子や同級生はいなかったし、最初《さいしょ》は大好《だいす》きな『巨人《きょじん》の星』や『ウルトラマン』を参考《さんこう》にした。

ノートに四角形のコマを描《か》いて、『巨人《きょじん》の星』や『ウルトラマン』に出てくる登場人物やキャラクターを自分流にアレンジして描《か》いた。ストーリーを自分で考えたり、絵を描《か》き終わったあとにセリフを書き込《こ》んでみたり、新しい怪獣《かいじゅう》や必殺技《ひっさつわざ》を自由に生み出したりする時間は本当に充実《じゅうじつ》していた。

ノートに完成《かんせい》させたマンガを学校に持っていく。そして友だちに「これ、おもしろかった！　続《つづ》き読ませてよ」と言われると、うれしくてまたやる気が出てくる。弟たちのねだるような反応《はんのう》も僕《ぼく》を後押《あとお》しした。何より、自分で描《か》いたマンガを自分で読み返すのが素直《すなお》に楽しかった。

自分でマンガを描《か》き始めてみると、いろいろと意識《いしき》することがあった。野球であれば、かっこいいボールの投げ方はどんな構図《こうず》がいいのか、登場人物のスマートな立ち姿《すがた》はどんなバランスがいいのか。泣《な》いている人を顔だけでなく体の動きも使って表現《ひょうげん》してみたり、叫《さけ》んでいるシーンなら口を大きく描《か》いて表情《ひょうじょう》に寄《よ》ってみたり、いろいろと自分なりに工夫《くふう》してみた。友だちや弟たちをもっと楽しませたいという気持ちもあったと思う。プロのマンガをよく読み込《こ》んでいたから、表現《ひょうげん》の部分では無意識《むいしき》のうちに影響《えいきょう》を受けた部分もあったはずだ。

一方で、6年生になっても野球は続《つづ》けていた。相変《あいか》わらず学校の校庭や荒川《あらかわ》の土手でバットを振《ふ》ったり、グローブでボールを捕《と》ったりして試合《しあい》をする時間は楽しかった。ただ、自分が抜群《ばつぐん》にうまいわけじゃない

ということにも気づき始めていた。

『巨人《きょじん》の星』の星飛雄馬《ほしひゅうま》のようにはいかないかもしれない。小学校の高学年になると、プロ野球選手《せんしゅ》になるという夢《ゆめ》は少しずつ薄《うす》れ始め、好《す》きな絵を描《か》き続《つづ》けていければいいなという思いが強まっていった。知らず知らずのうちに、マンガを描《か》く手に力がこもっていた。

夢《ゆめ》は「プロ野球選手《せんしゅ》」から「マンガ家」へ

もっとも、プロ野球選手《せんしゅ》にはなれないかもしれないという思いが野球をやめる理由にはならなかった。四ツ木《よつぎ》中学校に入学すると、学校に野球部がなかったこともあり、最初《さいしょ》は卓球部《たっきゅうぶ》に入った。ただ、やっぱり野球をやりたいという気持ちが抑《おさ》えられなかった。個人《こじん》スポーツより、みんなで支《ささ》え合うチームスポーツのほうが性格《せいかく》に合っているという思いもあった。結局《けっきょく》、卓球部《たっきゅうぶ》の練習にはほとんど顔を出さず、小学生時代と同じように友だちと荒川《あらかわ》の土手に集まっては野球を楽しんだ。

中学生のころ、僕《ぼく》の好《す》きな野球を描《か》いたマンガが新たに登場した。『ドカベン』というタイトルの野球マンガだ。高校野球を舞台《ぶたい》にした作品で、主人公は山田太郎《やまだたろう》という。相撲取《すもうと》りのような体格《たいかく》のキャッチャーで、気は優《やさ》しくて力持ち。ご飯《はん》が大盛《おおも》りの弁当《べんとう》を意味する〝ドカベン〟というニックネームで親しまれている。

ドカベンがいる明訓《めいくん》高校の野球部にはほかにも個性豊《こせいゆた》かな部員がそろ

っていた。美形でデリケートな性格《せいかく》のピッチャー、里中智《さとなかさとる》。ガラは悪いけれど、なんだか憎《にく》めない常識《じょうしき》はずれのバッター、岩鬼正美《いわきまさみ》。小柄《こがら》ながら、抜群《ばつぐん》の野球センスを持つセカンド、殿馬一人《とのまかずと》。明訓《めいくん》高校以外《いがい》のライバル校にもクセが強いキャラクターがたくさん出てくるマンガで、僕《ぼく》はすぐに引き込《こ》まれた。

『ドカベン』には『巨人《きょじん》の星』とは違《ちが》った魅力《みりょく》があった。『巨人《きょじん》の星』では主人公の星飛雄馬《ほしひゅうま》が現実《げんじつ》にはあり得《え》ないような〝魔球《まきゅう》〟と呼《よ》ばれる武器《ぶき》を使うおもしろさがあった。一方、『ドカベン』はプロ野球が舞台《ぶたい》ではなく、甲子園《こうしえん》をめざす高校生たちの物語で、〝魔球《まきゅう》〟のような現実離《げんじつばな》れした必殺技《ひっさつわざ》はそれほど出てこない。それでも、それぞれの個性《こせい》や人間模様《にんげんもよう》、野球に打ち込《こ》む姿勢《しせい》を描《か》く話でおもしろい展開《てんかい》ができるんだ、と僕《ぼく》に新鮮《しんせん》な驚《おどろ》きを与《あた》えてくれたマンガだった。

『ドカベン』を描《か》いた水島新司《みずしましんじ》先生は、その後もたくさんの野球マンガを描《か》き、野球マンガの第一人者として知られている。

中学時代の僕《ぼく》は『ドカベン』以外《いがい》にも、『男《おとこ》どアホウ甲子園《こうしえん》』や『一球さん』といった水島《みずしま》先生の野球マンガに夢中《むちゅう》になった。勝利《しょうり》や優勝《ゆうしょう》をめざすストーリーをさまざまな角度からじっくり描《えが》くという点で、マンガ家としての僕《ぼく》は水島《みずしま》先生の作品から最《もっと》も影響《えいきょう》を受けたと言えるかもしれない。

すでに自分でマンガを描《か》き始めていた中学時代には、水島《みずしま》先生の作品からたくさんの気づきをもらった。「この構図《こうず》がうまいな」とか「話のつくり方がうまいな」とか「このキャラクターの引き立たせ方はさすがだな」とか、いつしか、つくり手側《がわ》の目線でもマンガを読むようになっていた僕《ぼく》にとって、水島《みずしま》先生のマンガは、本当にいろいろと勉強になった。

そのころから僕《ぼく》はマンガ家という将来《しょうらい》をぼんやりと意識《いしき》し始めていた。中学に入ったばかりのときは、「画家になりたいな」とか「映画《えいが》の看板《かんばん》のイラストや銭湯《せんとう》の絵のような大きな絵を描《か》く仕事もいいな」と思っていたけれど、年上のいとこにマンガ家という職業《しょくぎょう》がきちんと存在《そんざい》することを教えてもらってからは、マンガ家という職業《しょくぎょう》を意識《いしき》するようになった。意識《いしき》してみると、手塚治虫《てづかおさむ》先生、『ドラえもん』や『怪物《かいぶつ》くん』といった作品で知られる藤子不二雄《ふじこふじお》先生がテレビに出ていて、マンガ家という仕事がより身近に感じられるようになった。

　ある日、僕《ぼく》が自分でマンガを描《か》いていることを知っているいとこが、ふと「『手塚賞《てづかしょう》』に応募《おうぼ》してみればいいんじゃないの？」と言ってきた。そして『週刊少年《しゅうかんしょうねん》ジャンプ』の告知《こくち》ページを見せてくれた。手塚治虫《てづかおさむ》先生が審査委員長《しんさいいんちょう》を務《つと》めている賞《しょう》で、入賞《にゅうしょう》すれば賞金《しょうきん》ももらえるという。

「好《す》きなマンガを描《か》いて、お金までもらえるのか」と思った僕《ぼく》は、せっかくのチャンスだから挑戦《ちょうせん》してみようと思った。あのときのいとこの何気ない言葉がなかったら、そしてあのとき、そのなんとなく発せられたアドバイスを実行に移《うつ》していなかったら、今の僕《ぼく》はなかったかもしれない。

小学生のころにプロ作品をまねることからスタートした僕《ぼく》のマンガは、中学時代には少しずつ形になってきていたと思う。「まねる」と「学ぶ」はもともと同じ言葉から発生したと言われている。つまり「まねること」は「学ぶこと」でもあり、プロのマンガをまねて似《に》せて描《か》いていく中

で、僕《ぼく》は自然《しぜん》とマンガの描《か》き方の基本《きほん》のようなものを身につけていったのだろう。

初《はじ》めての〝マンガ〟を「月例新人賞《げつれいしんじんしょう》」に応募《おうぼ》

高校の受験《じゅけん》勉強が終わったあとだったから、確《たし》か中学3年生のときだったと思う。とにかく僕《ぼく》は本気でマンガを描《か》いて、賞《しょう》に応募《おうぼ》しようと決めた。「手塚賞《てづかしょう》」は少しハードルが高いと感じたし、同じ『週刊少年《しゅうかんしょうねん》ジャンプ』で毎月公募《こうぼ》している「月例新人賞《げつれいしんじんしょう》」に狙《ねら》いを定めた。〝新人賞《しんじんしょう》〟というだけあって、この賞《しょう》はマンガ家になるための試験《しけん》のような位置《いち》づけだと思った。まだ中学生だけれど、自分の実力を試《ため》してみたくて、思いきってチャレンジしようと心を固《かた》めた。

賞《しょう》に応募《おうぼ》するとなると、今までのようにノートに描《か》くわけにはいかない。募集《ぼしゅう》に関《かん》してルールがきっちりと決まっている。ストーリーマンガは31ページと指定されていたし、紙も規定《きてい》のサイズが記されていた。締《し》め切りもある。プロと同じような条件《じょうけん》を確認《かくにん》すると、本気度が増《ま》した。おもしろいマンガを描《か》いてやろうと心に火がついた。

入賞《にゅうしょう》をめざすのだから、「まねる」の「学ぶ」から、一歩先をいく必要《ひつよう》を感じた。つまり、実際《じっさい》に「学ぶ」ことで基礎力《きそりょく》をぐっと上げようと考えた。

そう思った僕《ぼく》は、さっそく本屋に足を運び、「マンガの描《か》き方入門」というようなタイトルの本を手に入れた。

その入門書には、マンガはどんなペンで描《か》くか、キャラクターをどう設定《せってい》するといいか、どんなコマ割《わ》りが読み手の目を引くか、などが記してあった。ペンを入れる前には〝ネーム〟という下描《したが》きのようなものを描《か》くこと、髪《かみ》の毛など黒い部分を〝ベタ〟と呼《よ》ぶこと、読み手の視線《しせん》を集める〝集中線〟や速さを感じさせる〝スピード線〟といった〝効果線《こうかせん》〟というテクニックがあることも知った。背景《はいけい》や洋服の柄《がら》、色の濃淡《のうたん》を表すのに〝スクリーントーン〟という粘着《ねんちゃく》フィルムを使っていることもわかった。

入門書を通して今まで自己流《じこりゅう》だったやり方がより整理された僕《ぼく》は、いざ応募用《おうぼよう》にマンガを描《か》き始めた。『巨人《きょじん》の星』や『ドカベン』が好《す》きだったから、テーマには野球を選《えら》んだ。

ストーリーが決まったあとは、放課後《ほうかご》や休日を利用《りよう》して、まずは鉛筆《えんぴつ》で〝ネーム〟を描《か》いて、近所の文房具屋《ぶんぼうぐや》で買ってきたカブラペンにインクをつけて仕上げていった。

〝スクリーントーン〟は使っていないし、〝ベタ〟も線からはみ出していた。〝ベタ〟に白い線を入れて表現力《ひょうげんりょく》を増《ま》すこともなかったけれど、完成《かんせい》したときにはやっぱり達成感《たっせいかん》があった。気分はもう、いっぱしのマンガ家だった。

完成《かんせい》した31枚《まい》の原稿《げんこう》を茶色い封筒《ふうとう》に入れて、近所のポストに入れた。「まさか賞《しょう》に選《えら》ばれるわけがないよな」という気持ちと、「入賞《にゅうしょう》したらプロに近づけるぞ」という期待が入り混《ま》じった気持ちで、帰り道を歩いた。結果《けっか》がどうであれ、やろうと決めたことをやりきったすがすがしさはなんだか心地よかった。

高校の野球部で味わった苦い思い出

まねからマンガを描《か》き始めて5年。中学3年生になって初《はじ》めて描《か》いたオリジナルの作品は、もうこの世に存在《そんざい》しない。プロになって40年近くがたった今、冷静《れいせい》に思い返すと、あの31ページの作品は、やはり子どもの手によるものだったと感じる。そもそも、絵自体が雑《ざつ》だったし、ストーリーにも目を引くものがなかった。

結果《けっか》は落選《らくせん》。受賞《じゅしょう》作品が紹介《しょうかい》されているページを何度見返しても、僕《ぼく》の名前はなかった。応募《おうぼ》の際《さい》の規定《きてい》に「原稿《げんこう》は返却《へんきゃく》いたしません」と記してあったから、入賞《にゅうしょう》しなかった作品は保存《ほぞん》されることなく、焼却《しょうきゃく》されたか捨《す》てられてしまったのだと思う。当時はコピー機《き》もなく、自分の手元に原稿《げんこう》の写しを置《お》いておくこともできなかった。だから、僕《ぼく》の記念《きねん》すべき初作品《はっさくひん》はまぼろしのマンガとなっている。

「月例新人賞《げつれいしんじんしょう》」に引っかからなかった僕《ぼく》は、マンガ家という未来《みらい》を視野《しや》に入れながらも高校に進学した。当時の東京都の公立高校（普通科《ふつうか》）は、今とはちょっとルールが違《ちが》い、自分の行く高校が決められなかった。テストの結果《けっか》で振《ふ》り分けられる形式が取られていて、僕《ぼく》の成績《せいせき》だと、葛飾野高校《かつしかのこうこう》、南葛飾高校《みなみかつしかこうこう》、本所高校《ほんじょこうこう》が候補《こうほ》だった。そして最終的《さいしゅうてき》に、南葛飾高校《みなみかつしかこうこう》への入学が自動的《じどうてき》に決まった。

南葛飾高校《みなみかつしかこうこう》は〝南葛《なんかつ》〟の愛称《あいしょう》で呼《よ》ばれていた。僕《ぼく》がのちに『キャプテン翼《つばさ》』を描《か》く際《さい》に、主人公の大空翼《おおぞらつばさ》たちが通う小学校を南葛《なんかつ》小学校と名づけたのは、ここに由来している。

高校では今度こそ野球部に入ろうと思っていたけれど、南葛《なんかつ》には硬式《こうしき》野球部がなかった。つまり、甲子園球場《こうしえんきゅうじょう》で行われる全国大会に出る権利《けんり》が最初《さいしょ》からない。『ドカベン』に出てくる登場人物たちとは違《ちが》う世界だ。少し肩《かた》すかしにあったものの、野球を続《つづ》けたい思いは強く、軟式《なんしき》野球部に入部することにした。

野球部では最初《さいしょ》、練習はさせてもらえなかった。1年生のうちは走り込《こ》みと球拾い、それと声出しが基本《きほん》。1つ上の先輩《せんぱい》たちが強いチームで、東京都大会ではベスト4まで食い込《こ》み、関東《かんとう》大会にも出場している。

僕《ぼく》らの代は残念《ざんねん》ながらあまり強くなかった。練習が厳《きび》しかったからか、最初《さいしょ》は20人ほどいた同級生が1人減《へ》り、2人減《へ》り、3人減《へ》り……という状態《じょうたい》で、3年生の最後《さいご》のころには6人しか残《のこ》っていなかった。エースピッチャーが途中《とちゅう》でやめてしまったのはやっぱり痛《いた》かったと思う。

僕《ぼく》自身は最初《さいしょ》はサードを守っていたけれど、同級生とのポジション争《あらそ》いに負けて、3年生のときにはファーストを定位置《ていいち》としていた。守備《しゅび》にはそこそこ自信《じしん》はあったけれど、それほどパワーがなかったからバッティングは平凡《へいぼん》だった。長距離《ちょうきょり》ヒッターではなく、足が速いから内野安打で出塁《しゅつるい》という場面が多かった。

ポジション争《あらそ》いに関《かん》しては苦い思い出がある。2年生のときだったと思う。サードのレギュラーで、ライバルだった同級生がけがをしたとき、僕《ぼく》がサードで試合《しあい》に出ることになった。でも、緊張《きんちょう》のあまり、試合前《しあいまえ》の練習のノックでエラーを連発《れんぱつ》してしまった。監督《かんとく》はあまりにガチガチの僕《ぼく》を見かねて、急きょ別《べつ》の同級生をサードで使うことに決めた。つまり、先発で出場予定だった僕《ぼく》は一転、ベンチで試合《しあい》を見守ることになってしま

ったのだ。

ショックだった。普段《ふだん》なら捕《と》れるはずの簡単《かんたん》なボールを、硬《かた》くなりすぎてポロポロとグローブから落とした自分がふがいなかった。レギュラーで試合《しあい》に出られるチャンスをみすみす逃《のが》した自分が情《なさ》けなかった。でも、その悔《くや》しさをエネルギーに変《か》えた。高校生活は最後《さいご》まで野球を続《つづ》けて、いいプレーをしてやろうという負けん気が強まった。

最後《さいご》の夏の大会は都大会の３回戦《かいせん》で負けた。１つ上の世代は関東大会《かんとうたいかい》まで出る力があったのにと思うと、少し残念《ざんねん》な気持ちもあった。ただ、やめていく部員が少なくなかった中で、最後《さいご》までくじけずにやり抜《ぬ》いた自分には自信《じしん》が持てた。続《つづ》けていけば何か得《え》るものがあるという姿勢《しせい》は、その後のマンガづくりにも影響《えいきょう》していると思っている。

野球部の活動が忙《いそが》しい間は、マンガを描《か》く時間はなかなか取れなかった。試験前《しけんまえ》に部活が休みの間に少し手をつけるくらいだったけれど、マンガ家という未来《みらい》は常《つね》に頭の片隅《かたすみ》にあった。

マンガに関《かん》して、高校時代で思い出深いのは、美術《びじゅつ》の授業《じゅぎょう》だ。美術《びじゅつ》の先生は、自分自身も現代美術《げんだいびじゅつ》の彫刻家《ちょうこくか》として活動している先生だったのだが、「マンガも一種《いっしゅ》の芸術《げいじゅつ》だ」という当時としては一風変《いっぷうか》わった考えの持ち主で、美術《びじゅつ》の授業《じゅぎょう》でも生徒《せいと》にマンガを描《か》かせていた。マンガを描《か》かせるだけではなく、マンガの基本的《きほんてき》なことも授業《じゅぎょう》で教えていたので、かなりのマンガ好《ず》きだったのではないかと思う。その先生が、僕《ぼく》の描《か》いたマンガを見て、「お前うまいね、プロになれるんじゃないか」とほめてくれたのだ。マンガをわかっている大人に、自分のマンガをほめられたのは、そのときが初《はじ》めてだった。この言葉に僕《ぼく》は、強く背中《せなか》を押《お》された気がした。

南葛

南葛

第3章

自分が進むべき未来《みらい》とは

多くの人にとって、生きていく中で人生を決めるような大きな決断《けつだん》を下すタイミングがある。僕《ぼく》にとっては、それが高校3年生のときに起こった。高校3年生の夏、僕《ぼく》は自分が進むべき未来《みらい》と、とことん向き合った。

高校2年生のとき、卒業後《そつぎょうご》の進路の方向性《ほうこうせい》を決めることになった。大

学に進学するのか、会社に勤《つと》めるのか。めざす道によって、3年生で受ける授業《じゅぎょう》の数が異《こと》なってくる。大学に行きたい生徒《せいと》は受験勉強《じゅけんべんきょう》も兼《か》ねて、より多くの授業《じゅぎょう》を受けることになる。

僕《ぼく》は大学に行くつもりでいたから進学コースを選《えら》んだ。ただ、ほどなく父親に「うちは貧乏《びんぼう》だから学費《がくひ》が高い私立《しりつ》大学は難《むずか》しいぞ」と告《つ》げられた。母親は母親で「自分がパートでがんばるから、行きたいなら国公立大でも私立大《しりつだい》でも行っていいよ」と言ってくれた。

それでも、家計のことを考えると、うちには弟が2人いるし、無理《むり》に大学に行く必要《ひつよう》もないのかなと思うようになった。長男ということもあり、経済的《けいざいてき》なことを考えないわけにはいかなかった。ただ、だからといって、サラリーマンとして会社勤《づと》めをするのも違《ちが》うと思う自分がいた。どことなく宙《ちゅう》ぶらりんのまま高校3年生の生活が始まった。

大学に行く道を半ばあきらめたから、進学コースの授業《じゅぎょう》もどこか心ここにあらずな感じで受けていた。あと1年で高校生活が終わるんだなと思うと、ひとまず野球に真剣《しんけん》に打ち込《こ》もうと身が引き締《し》まった。

夏の都大会で3回戦《かいせん》負けして、野球部の活動が終わったあと、僕《ぼく》は自分が何をやりたいのか、自分自身に問いかけた。大学に行くのか、それともサラリーマンになるのか。何度考えてみても、どちらの道に進んでも自分が心の底《そこ》から本気で取り組めるようには思えない。

とはいえ、子どものころからばくぜんと思い続《つづ》けていたマンガ家という職業《しょくぎょう》も、当時は今以上《いじょう》になるのが難《むずか》しい職業《しょくぎょう》だった。たとえ、マンガ家をめざしたとしても、マンガ家になれる保証《ほしょう》などまったくない。そんなに甘《あま》い世界ではないということは、当時もなんとなくは理解《りかい》していた。

もし、マンガ家をめざしてなれなかったときには、学歴《がくれき》もなく、仕事のノ

ウハウもない状態《じょうたい》で、世間に出ていかなければならない。

ただ、僕《ぼく》が出した答えはやっぱりマンガだった。マンガを描《か》きたかった。真っ白い紙に絵を描《か》いて、登場人物たちを現実《げんじつ》の世界のようにいきいきさせたかった。大好《だいす》きな絵を描《か》いて物語を展開《てんかい》していくマンガで読む人を感動させる仕事につきたい。めざす未来《みらい》が定まった。当時の自分の気持ちとしては、「もしマンガ家になれなかったときには、死ぬしかない」というくらいの感覚《かんかく》だった。大げさすぎる表現《ひょうげん》かもしれないが、実際《じっさい》、本当にそれくらいの気持ちだった。

中学3年生のときのように、がんばって仕上げたマンガがなんの反応《はんのう》もなく、焼却《しょうきゃく》されるか捨《す》てられるのはもう嫌《いや》だった。マンガ雑誌《ざっし》から得《え》た情報《じょうほう》で、〝持ち込《こ》み〟というアプローチがあることをすでに知っていたから、今度はその手でいこうと考えた。

〝持ち込《こ》み〟とは文字どおり、マンガ雑誌《ざっし》を出している出版社《しゅっぱんしゃ》にマンガの原稿《げんこう》を持ち込《こ》んで、編集者《へんしゅうしゃ》に見てもらうことだ。普段《ふだん》プロのマンガ家の原稿《げんこう》を目にしている編集者《へんしゅうしゃ》から貴重《きちょう》なアドバイスがもらえる。さらに、持ち込《こ》んだマンガに光る部分があれば、編集者《へんしゅうしゃ》が担当《たんとう》についてくれて成長《せいちょう》をサポートしてくれる場合もあるという。

野球部を引退《いんたい》して燃《も》え尽《つ》きるひまもなく、僕《ぼく》は次の目標《もくひょう》を見つけた。美術《びじゅつ》の先生が言ってくれた「お前うまいね、プロになれるんじゃないか」という言葉をはげみに、本気でマンガを描《か》くことに決めた。僕《ぼく》なりに最高《さいこう》の作品を出版社《しゅっぱんしゃ》に持ち込《こ》んで、道を切り開こうと決心した。

マンガづけだった高校3年生の夏休み

高校3年生の夏休み、僕《ぼく》はマンガづけだった。

進学コースの生徒《せいと》だから、本来ならば大学受験《じゅけん》の勉強をしなければならない。実際《じっさい》、同級生の多くは受験《じゅけん》勉強に打ち込《こ》み始めていた。でも僕《ぼく》はマンガ家の道をめざすことにした。勉強の代わりに、編集者《へんしゅうしゃ》をうならせるようなマンガを仕上げなければならなかった。夏休みに入る前にはもう、文房具屋《ぶんぼうぐや》に行ってマンガ用の原稿《げんこう》用紙を買って、制作《せいさく》に取りかかっていた。

やる気がみなぎっていたから、1つではなく、2つの作品を完成《かんせい》させることにした。どちらも前に応募《おうぼ》したときと同じ31ページの構成《こうせい》で、テーマには野球を選《えら》ばなかった。中学生のときに描《か》いた際《さい》にも感じたけれど、31ページの短編《たんぺん》だと、ライバルがいて、試合《しあい》があってという野球のおもしろさを詰《つ》め込《こ》むのが難《むずか》しいと思ったからだ。

いろいろと考えた結果《けっか》、短編《たんぺん》にふさわしいテーマを取り上げるのが一番だと思った。

一つはサイエンス・フィクションだ。ＳＦと呼《よ》ばれるジャンルで、空想科学的《くうそうかがくてき》な世界を扱《あつか》おうと考えた。手塚治虫《てづかおさむ》先生に影響《えいきょう》された部分もあったと思う。

手塚《てづか》先生のＳＦといえば、『鉄腕《てつわん》アトム』が代表作だろう。人間とほぼ同じ姿形《すがたかたち》と感情《かんじょう》を持つ、〝アトム〟という名のロボットが主人公だ。僕《ぼく》が生まれる前にはもうマンガが発表されていて、僕《ぼく》が小学生のころにはテ

レビアニメも放送されていた。手塚《てづか》先生は『ロストワールド』、『メトロポリス』、『来たるべき世界』という〝SF三部作〟も発表している。いずれも宇宙《うちゅう》や未来《みらい》を舞台《ぶたい》にしていて、現実《げんじつ》ではない世界でくり広げられる物語に引き込《こ》まれた。SF的《てき》なショートストーリーであれば、31ページという長さにちょうど合うと思った。

もう一つの作品では〝西部劇《せいぶげき》〟にフォーカスを当てた。西部劇《せいぶげき》は19世紀《せいき》後半のアメリカを舞台《ぶたい》にしたものだ。まだ道路も街《まち》もないアメリカの西側《にしがわ》を切り開いていく男女の人間模様《にんげんもよう》を描《えが》くのが基本《きほん》で、当時は西部劇《せいぶげき》と呼《よ》ばれる映画《えいが》や小説《しょうせつ》がはやっていた。

『週刊少年《しゅうかんしょうねん》ジャンプ』では『荒野《こうや》の少年イサム』という西部劇《せいぶげき》風のマンガも連載《れんさい》されていた。『巨人《きょじん》の星』を描《か》いた川崎《かわさき》のぼる先生が手がけた作品だ。アメリカで生まれたイサムという少年が西部を舞台《ぶたい》に、得意《とくい》の銃《じゅう》で正義《せいぎ》を貫《つらぬ》いていく。西部劇《せいぶげき》を持ち込《こ》みマンガの題材《だいざい》に選《えら》んだのには、テレビアニメ化もされたこの作品に感化された部分もあったと思う。

西部劇《せいぶげき》は銃《じゅう》の早撃《はやう》ちで対決《たいけつ》するシーンが見ものだったし、僕自身《ぼくじしん》、日本では『明日に向って撃《う》て！』や『荒野《こうや》の七人』というタイトルがつけられたアメリカ映画《えいが》が好《す》きだった。特《とく》に西部をさすらう男たちの服装《ふくそう》がかっこよかった。大きなつばが広がるテンガロンハットという帽子《ぼうし》、胸《むね》ポケットにふたのようなあしらいがあるウェスタンシャツ、鮮《あざ》やかな青が映《は》えるジーンズ、ひざ下まで伸《の》びた長めのブーツ。日本ではまず見ない姿《すがた》は、文字どおり絵になると考えた。

テーマとストーリーが決まったあとは、鉛筆《えんぴつ》で〝ネーム〟という下描《したが》きを進めた。ここまではもう、野球部の活動が終わったあと、夏休みの前

に、放課後《ほうかご》や休みの日を使って済《す》ませていた。夏休みは手直しをくり返し、より完成度《かんせいど》の高い作品に仕上げる時間に使った。

当時はまだ、一般家庭《いっぱんかてい》にクーラーは広まっていなかった。それでも、僕《ぼく》は夏のうだるような暑さにめげることなく、黙々《もくもく》とペンを走らせた。夏休みの間中、机《つくえ》に向かっていた。

髪《かみ》の毛の部分は真っ黒に〝ベタ〟をぬり、吹《ふ》き出しにセリフを書き込《こ》んでいく。真っ白な紙の上で、やがてキャラクターたちが徐々《じょじょ》に動き始め、感情《かんじょう》をあらわにしてきた。その作業と時間が楽しかったし、僕《ぼく》は夢中《むちゅう》になっていた。ジリジリジリジリとやまないせみの鳴き声さえ耳に入っていなかったかもしれない。それだけ集中していた。僕《ぼく》の心はマンガ家になるという目標《もくひょう》でいっぱいだった。

僕《ぼく》は高校3年生の夏休み、まるまる1カ月を使って2つのマンガを完成《かんせい》させた。SF風のものは近未来《きんみらい》が舞台《ぶたい》で、車が空を飛《と》んだり、少年が龍《りゅう》に乗って宇宙《うちゅう》を駆《か》けめぐったりするシーンを描《か》いた。地球から土がなくなって公害《こうがい》が起《お》こるという社会問題も扱《あつか》っている。もう片方《かたほう》の西部劇《せいぶげき》ものは、馬に乗ったカウボーイと呼《よ》ばれる男たちを登場人物にして、銃《じゅう》による対決の場面をヤマ場に持ってきた。

「これ、おもしろかった！　続《つづ》き読ませてよ」

ようやく持ち込《こ》み用の作品を仕上げた僕《ぼく》は、小学生のときに友だちや弟たちが僕《ぼく》のマンガを読み終えたあとに言ってくれた言葉を思い出していた。

いざ、『週刊少年《しゅうかんしょうねん》ジャンプ』編集部《へんしゅうぶ》へ

31ページのマンガが2つ形になった。次にすることは決まっている。夢《ゆめ》に近づくためには、出版社《しゅっぱんしゃ》に原稿《げんこう》を持っていかなければならない。僕《ぼく》は小学生のころから読んでいる『週刊少年《しゅうかんしょうねん》ジャンプ』を手がける集英社《しゅうえいしゃ》に狙《ねら》いを絞《しぼ》った。

まずは約束《やくそく》を取りつける必要《ひつよう》がある。当時は携帯《けいたい》電話もスマートフォンもなく、家にあるのは据《す》え置《お》きの黒電話だった。だるまのような形で、向こう側《がわ》の声を聞き、同時にこちらの声を向こうに届《とど》ける受話器《じゅわき》というものがついている。電話番号はボタンを押《お》すのではなく、0から9までの穴《あな》が空いているダイヤルを回さなければならない。電話線というコードを通して、会話をかわす。

夏休みが終わろうとしていたころ、僕《ぼく》は受話器《じゅわき》を手にした。『週刊少年《しゅうかんしょうねん》ジャンプ』にのっていた電話番号をダイヤルで回す手は少しふるえていたかもしれない。


「もしもし、『週刊少年《しゅうかんしょうねん》ジャンプ』編集部《へんしゅうぶ》です」

「あ、高橋《たかはし》と申します」

「はい、なんでしょうか」

「あの、マンガ家になりたくて、マンガを描《か》いたのでそれを見てもらいたいんです」

「ああ、持ち込《こ》みですね。じゃあ一回編集部《へんしゅうぶ》に来てもらおうかな。僕《ぼく》は鈴木《すずき》といいます。鈴木《すずき》あてに訪《たず》ねてきてください」

確《たし》かそんなやりとりをしたと思う。持ち込《こ》みをする日時が決まった。

持ち込《こ》み当日は朝から緊張《きんちょう》していた。プロのマンガ編集者《へんしゅうしゃ》が僕《ぼく》のマンガを見てくれる——僕《ぼく》にとっては、マンガ家になれるかなれないか、未来《みらい》が決まる日と言ってもいい。高校3年生や大学4年生が経験《けいけん》する就職《しゅうしょく》活動の面接《めんせつ》、社員として採用《さいよう》されるかされないかの判断《はんだん》が下される場とほとんど同じだ。朝から胃《い》がきりきりした。

電車に揺《ゆ》られて『週刊少年《しゅうかんしょうねん》ジャンプ』を発行している集英社《しゅうえいしゃ》をめざした。最寄《もよ》りの駅で降《お》りて、指定されたビルに向かった。目印《めじるし》は1階にある喫茶店《きっさてん》。そのビルに『週刊少年《しゅうかんしょうねん》ジャンプ』の編集部《へんしゅうぶ》があると教えてもらっていた。記憶《きおく》はあいまいだけれど、確《たし》か5階か6階だったと思う。

編集部《へんしゅうぶ》のフロアに着くと、しばらくして電話で対応《たいおう》してくれた鈴木《すずき》さんが出てきた。思ったより若《わか》かった。プロの編集者《へんしゅうしゃ》ということで、ベテランのもっと大人な雰囲気《ふんいき》の人が出てくるイメージもあったけれど、鈴木《すずき》さんは大学生くらいに見えた。僕《ぼく》よりもちょっと年上のお兄さんという感じだ。

あいさつもそこそこに、鈴木《すずき》さんはどかっと椅子《いす》に座《すわ》って、僕《ぼく》のマンガを読み始めた。何も言わないまま一枚《まい》一枚《まい》をめくって原稿《げんこう》に目を通していく。ＳＦ風の作品と西部劇《せいぶげき》の短編《たんぺん》を読んでいるその間、ずっと黙《だま》ったままだ。「何を思っているんだろう」と考え、「何も言うことがないほどのレベルってことかな」という思いが頭をよぎると、緊張《きんちょう》がピークに達《たっ》した。心臓《しんぞう》が飛《と》び出しそうな気がした。

原稿《げんこう》を読み終えた鈴木《すずき》さんは、ようやく口を開いた。

「これ、すぐに雑誌《ざっし》にのせてもらえると思って持ってきたわけじゃないよね？」

「あ、そうです」

そして鈴木《すずき》さんは率直《そっちょく》にこう言ってくれた。「うちの雑誌《ざっし》にも新人賞《しんじんしょう》があるけど、これだと応募《おうぼ》しても賞《しょう》は取れないと思うよ」

はっきり伝《つた》えてもらえたことで、むしろ僕《ぼく》の緊張《きんちょう》がほぐれた。年も近いように見えたし、鈴木《すずき》さんといろいろと話すことができた。

「ただ、絵もストーリーもまだ荒《あら》けずりだけど、キャラクターはいいと思う」

「ありがとうございます」

「でもさ、なんでSFと西部劇《せいぶげき》なの？　本当はどっちもそんなに好《す》きじゃないでしょ？」

「そうですね……SFと西部劇《せいぶげき》だと読み切りにいいというか、31ページに収《おさ》まりやすいかなと思ったんです。本当は自分でもずっと野球をやっていて野球が好《す》きなので、野球で描《か》こうとも思ったんですが……ただ、いろんな登場人物がいて9回まである試合《しあい》は31ページという長さに合わないかなと思いまして」

「なるほどね。でも、野球なら最後《さいご》の9回だけにフォーカスを当てて描《か》くという方法《ほうほう》もあるよ。最後《さいご》のワンシーンだけで世界観《せかいかん》をつくるみたいな感じだね」

「最後《さいご》の一人との勝負を描《か》くみたいなことですか？」

「そうそうそう。ちなみに好《す》きなマンガは何？」

「野球が好《す》きなので、やっぱり『巨人《きょじん》の星』とか『ドカベン』です」

「だったらそっちで描《か》けばいいじゃん。スポーツものを描《か》こうよ。自分でも野球をやってたんだし、まずは好《す》きなものを描《か》いたほうがいいよ」

「やっぱりそうですか」

「今、高校3年生だっけ？　もうすぐ卒業《そつぎょう》だよね。マンガ家になりたいの？」

「なりたいです。もちろん、今すぐにというわけじゃなくて、プロの方のアシスタントとして経験《けいけん》を積《つ》むということも考えています」

「そうだよね。じゃあ、とりあえず僕《ぼく》が見てあげるから、今度は野球マンガとかスポーツマンガを持ってきてください。ほかのマンガも参考《さんこう》にしてみるといいと思う。ペンは入れなくていいので、ネームをいっぱい描《か》いてみようよ。それでいい作品があったら、ペンを入れて原稿《げんこう》にして新人賞《しんじんしょう》に応募《おうぼ》しよう」

「わかりました。がんばります」

今後、連絡《れんらく》を取り合うために、別《わか》れ際《ぎわ》にお互《たが》いの電話番号を交換《こうかん》した。

「ネームができたら電話して」と言ったあとに、鈴木《すずき》さんはこうつけ加《くわ》えた。

「これから、月に何本もネームを持ってくるようにね。それぐらい熱心《ねっしん》にやらないとマンガ家にはなれないよ」

プロをめざすなら本気を出しきれという言葉に身が引き締《し》まった。同時に、やってやろうと僕《ぼく》の心にさらに火がついた。

初《はじ》めて描《か》いたサッカーマンガは『友情《ゆうじょう》のイレブン』

「一期一会《いちごいちえ》」という言葉がある。茶道《さどう》に由来する日本のことわざだ。「人との出会いは一度限《かぎ》りのかけがえのないものだから大切にしたほうがいい」といった意味を持つ。

僕《ぼく》にとっては最初《さいしょ》に電話を取り、プロのマンガ編集者《へんしゅうしゃ》として最初《さいしょ》に僕《ぼく》の腕前《うでまえ》を公平に見てくれた鈴木《すずき》さんとの出会いはまさに「一期一会《いちごいちえ》」だった。まだ若《わか》い鈴木《すずき》さんはその年、集英社《しゅうえいしゃ》に入社したばかりだという。新しい挑戦《ちょうせん》を始めたばかりだからか、意欲《いよく》に満《み》ちているように見えた。フルネームは鈴木晴彦《すずきはるひこ》さんといい、マンガ家としての僕《ぼく》は鈴木《すずき》さんとの二人三脚《ににんさんきゃく》で成長《せいちょう》してきたと言ってもいいだろう。

実際《じっさい》、鈴木《すずき》さんのおかげで僕《ぼく》はプロになれたし、『キャプテン翼《つばさ》』の連載《れんさい》にあたって、鈴木《すずき》さんは僕《ぼく》の初代担当編集者《しょだいたんとうへんしゅうしゃ》となってくれた。

今振《ふ》り返ってみても、鈴木《すずき》さんとすごした高校3年生の秋以降《いこう》は本当に充実《じゅうじつ》していた。ぐんぐん力が上がっていく実感があった。鈴木《すずき》さんにアドバイスされたように、野球を扱《あつか》うにしても、シーンを絞《しぼ》って描《か》いた。高校野球をテーマにしたネームは何度もダメ出しをされたけれど、僕《ぼく》は落ち込《こ》まなかった。むしろ、もっとエネルギーがわいた。

プロの編集者《へんしゅうしゃ》から修正点《しゅうせいてん》を指摘《してき》されるということは、それだけ成長《せいちょう》できる余地《よち》があるということだ。夢《ゆめ》まであと数歩という感覚《かんかく》があったから、学校から家に帰ると、とにかく描《か》きまくった。毎週のように、ネームの入った封筒《ふうとう》を抱《かか》え、集英社《しゅうえいしゃ》に行って鈴木《すずき》さんにネームを見てもらい、アドバイスをしてもらった。

それから、編集部《へんしゅうぶ》に行くと、実際《じっさい》に雑誌《ざっし》にされるプロの生原稿《なまげんこう》が見られることも、プロのマンガ家をめざす僕《ぼく》にとっては、本当に貴重《きちょう》な経験《けいけん》だった。雑誌《ざっし》で見る原稿《げんこう》と印刷前《いんさつまえ》の生原稿《なまげんこう》は、当然《とうぜん》まったくの別《べつ》ものだ。プロの生原稿《なまげんこう》を見せてもらえたおかげで、プロが描《か》くマンガというものを肌《はだ》で感じることができたことは、とても大きかったと思う。

集英社《しゅうえいしゃ》のある神保町《じんぼうちょう》までの電車賃《でんしゃちん》を浮《う》かすために、自転車で片道《かたみち》1時間くらいかけて行っていた。集英社《しゅうえいしゃ》から家までの帰り道、四ツ木橋《よつぎばし》を渡《わた》って荒川《あらかわ》を超《こ》えるときにも、鈴木《すずき》さんのアドバイスについて、いろいろと考えながら自転車をこいだ。ネームをほめられた日は、気持ちがとても高ぶっていたことを覚《おぼ》えている。

僕《ぼく》が高校3年生の6月、アルゼンチンでサッカーのワールドカップが行われていた。当時はパソコンもないし、今のように映像《えいぞう》に多く触《ふ》れる機会《きかい》はなかった。ただ、NHKがいくつかの試合《しあい》を放映《ほうえい》していて、大会をなんとなく見ていた僕《ぼく》は「サッカーっておもしろいな」と思っていた。

野球なら三振《さんしん》を取るにしても、最低《さいてい》3つのシーンが必要《ひつよう》になる。コマ数にすればもう少し多くなる。でも、サッカーならシュートを打って決まる場面はより少ないコマ数で収《おさ》まる。しかも、ゴールというヤマ場を描《か》ききれる。サッカーを扱《あつか》うというアイデアが浮《う》かんだ。

小学生のゴールキーパーを主人公にした。チームはそれほど強くない。それでも、チームの結束力《けっそくりょく》は強く、最後《さいご》の最後《さいご》に主人公がライバルのシュートを止めて勝つ。そんな内容《ないよう》のストーリーだ。『友情《ゆうじょう》のイレブン』というタイトルをつけた。

初《はじ》めて手がけたサッカーマンガだから、不安《ふあん》がないわけではなかった。ただ、11月の少し肌寒《はだざむ》い日、『友情《ゆうじょう》のイレブン』のネームに目を通す鈴木《すずき》さんの雰囲気《ふんいき》はいつもとは違《ちが》って見えた。読み終えたあと、鈴木《すずき》さんは「よし、これでいこう」と言ってくれた。

「高橋《たかはし》くんには少年性《せい》をうまくとらえる感覚《かんかく》があるし、男の子の純粋《じゅんすい》さをきっちりと描《か》く力があるから、この路線でいけると思う」という鈴木《すずき》さんの言葉は本当にうれしかった。

鈴木《すずき》さんから初《はじ》めてゴーサインをもらった僕《ぼく》は、下描《したが》きのネームからペンを入れて『友情《ゆうじょう》のイレブン』を完成《かんせい》させることになった。背景《はいけい》や洋服の模様《もよう》、色の濃淡《のうたん》を表すには〝スクリーントーン〟という粘着《ねんちゃく》フィルムを使うようにとアドバイスを受け、僕《ぼく》はさっそくその画材《がざい》を買いに行った。

プロの編集者《へんしゅうしゃ》からＯＫを受けたうえ、賞《しょう》に応募《おうぼ》するわけだから、一本一本の線を注意深くていねいに引いた。「高校生のうちに賞《しょう》を取りたい」と思って、ていねいにペン入れをして完成《かんせい》した作品を見せると、鈴木《すずき》さんは「うん、いいね。これなら佳作《かさく》には入ると思う」と言ってくれた。

入社1年目ながら、鈴木《すずき》さんの目利《めき》きは確《たし》かだった。年末《ねんまつ》に『週刊《しゅうかん》少年《しょうねん》ジャンプ』の「月例新人賞《げつれいしんじんしょう》」に応募《おうぼ》した『友情《ゆうじょう》のイレブン』は、その言葉どおり、佳作《かさく》を受賞《じゅしょう》した。鈴木《すずき》さんがわざわざ電話をかけてきてくれて、いつの号で発表されるかも教えてくれた。

年が明けて、伝《つた》えてもらった号の『週刊少年《しゅうかんしょうねん》ジャンプ』発売日がやって来た。急いで本屋に買いにいくと、「月例新人賞《げつれいしんじんしょう》」の佳作《かさく》のところに自分の名前がのっていて、飛《と》び上がるくらいうれしかった。賞金《しょうきん》は確《たし》か5万

円だったと思う。自分のマンガがお金になるということで、プロに一歩近づいた気がした。

学校で友だちに「ジャンプの新人賞《しんじんしょう》に入ったよ」と伝《つた》えたけれど、反応《はんのう》は薄《うす》かった。マンガにあまり興味《きょうみ》がない人からすれば、「ああ、そうなんだ」くらいの感じだったのだと思う。

ただ、僕《ぼく》には鈴木《すずき》さんという頼《たよ》れるパートナーと一緒《いっしょ》に、自分の人生を自分の力で歩いている充実感《じゅうじつかん》があった。高校卒業《そつぎょう》という一つの節目《ふしめ》を間近に控《ひか》えた僕《ぼく》は、未来《みらい》が開かれていく希望《きぼう》に満《み》ちあふれていた。

南葛

南葛

第4章

高校卒業《そつぎょう》後、平松伸二《ひらまつしんじ》先生のアシスタントに

高校の卒業式《そつぎょうしき》を目前に、僕《ぼく》は新たなスタートを切った気分だった。小学生のころから読んでいた『週刊少年《しゅうかんしょうねん》ジャンプ』で佳作《かさく》を取ることができた。『友情《ゆうじょう》のイレブン』というサッカーマンガで一定の評価《ひょうか》を得《え》て、少し自信《じしん》が深まった僕《ぼく》は、自分の夢《ゆめ》を追う覚悟《かくご》を決めた。大学進学も会社勤《づと》めも、もう選択肢《せんたくし》から外していたし、プロのマンガ家になるという道だ

けを進むことにした。

最初《さいしょ》に会ったとき、別《わか》れ際《ぎわ》に編集者《へんしゅうしゃ》の鈴木晴彦《すずきはるひこ》さんが言った「月に何本もネームを持ってくるようにね。それぐらい熱心《ねっしん》にやらないとマンガ家にはなれないよ」という言葉をずっと胸《むね》に刻《きざ》んでいた。

『友情《ゆうじょう》のイレブン』を受賞《じゅしょう》したことで満足《まんぞく》して、足を止めているわけにはいかない。本気度を示《しめ》すためにも、自分の実力を高めるためにも、また鈴木《すずき》さんの首を縦《たて》に振《ふ》らせるマンガを仕上げなければならなかった。だから、『友情《ゆうじょう》のイレブン』のあとにもすぐ、休む間もなくネームを描《か》いた。高校を卒業《そつぎょう》してすぐのことだったと思う。

ボツになったネームがいくつもあった一方、今度は大好《だいす》きな野球を題材《だいざい》にしたストーリーに手応《てごた》えを感じていた。『おんぼろエンゼルス』というタイトルで、それほど強くない野球チームの話だ。絶対的《ぜったいてき》な力を誇《ほこ》る集団《しゅうだん》より、強者に立ち向かう勇気《ゆうき》を持つチームを応援《おうえん》したくなる性格《せいかく》だからか、『友情《ゆうじょう》のイレブン』と同じように、どこにでもいるような普通《ふつう》の男の子たちが勝負を通して成長《せいちょう》する姿《すがた》を描《か》きたかった。

1979年の春、『おんぼろエンゼルス』のネームは鈴木《すずき》さんから無事《ぶじ》OKをもらい、ペン入れをすることになった。プロのマンガ家になると決めた僕《ぼく》は、アルバイトをこなしながら作品を仕上げていく毎日を送っていた。

「高校を卒業《そつぎょう》したんだから、家でごろごろするのだけはやめろよ。メシ代や自分の生活費《せいかつひ》は自分で稼《かせ》げ」

父親にそう言われた僕《ぼく》は、それは当然《とうぜん》だと思い、近所の工場でアルバイトにはげんでいた。電線を扱《あつか》う工場だ。電線の長さを測《はか》り、段《だん》ボール

に詰《つ》めていく。作業を終えると、家に帰って毎日毎日、『おんぼろエンゼルス』の原稿《げんこう》と向き合った。鈴木《すずき》さんのアドバイスどおり、目的《もくてき》はまた『週刊少年《しゅうかんしょうねん》ジャンプ』の「月例新人賞《げつれいしんじんしょう》」に応募《おうぼ》して賞《しょう》を取ること。プロに近づくには結果《けっか》を出し続《つづ》けなければならない。

高校卒業《そつぎょう》から2カ月後、鈴木《すずき》さんから吉報《きっぽう》が入った。『おんぼろエンゼルス』が「月例新人賞《げつれいしんじんしょう》」の佳作《かさく》に選《えら》ばれたという。確《たし》か5月のことで、初夏《しょか》の中、自分の名前がのっている『週刊少年《しゅうかんしょうねん》ジャンプ』を買って帰る道すがら、僕《ぼく》の気分はとても晴れやかだった。ただ、「まだまだこれからだ」とも思っていた。佳作《かさく》の作品は雑誌《ざっし》には掲載《けいさい》されない。僕《ぼく》は一刻《いっこく》も早く自分のマンガを世の中に発表したかった。

「次こそ新人賞《しんじんしょう》を取る！」と気分が高まっていた僕《ぼく》に、マンガ人生における一つの転機《てんき》が訪《おとず》れる。ありがたいことに、『週刊少年《しゅうかんしょうねん》ジャンプ』には見込《みこ》みのある若手《わかて》をプロのマンガ家のアシスタントにつけて経験《けいけん》を積《つ》ませ、デビューに近づけるという風土があった。高校を卒業《そつぎょう》するタイミングで、鈴木《すずき》さんから「アシスタントの道を用意しておくよ」と言われていた僕《ぼく》は、平松伸二《ひらまつしんじ》先生のアシスタントを務《つと》めることになった。

『週刊少年《しゅうかんしょうねん》ジャンプ』の編集者《へんしゅうしゃ》で、のちに鳥山明《とりやまあきら》先生の『ドラゴンボール』などを手がけたうえ、『週刊少年《しゅうかんしょうねん》ジャンプ』の編集長《へんしゅうちょう》まで務《つと》めることになる鳥嶋和彦《とりしまかずひこ》さんが窓口《まどぐち》になってくれた。『おんぼろエンゼルス』の受賞《じゅしょう》から1カ月、確《たし》か6月のことだったたと思う。

平松《ひらまつ》さんは僕《ぼく》より5才年上で、高校1年生のときに「月例新人賞《げつれいしんじんしょう》」の佳作《かさく》を受賞《じゅしょう》している。その後、『週刊少年《しゅうかんしょうねん》ジャンプ』の人気野球マンガ『ア

ストロ球団《きゅうだん》』の作者である中島徳博《なかじまのりひろ》先生のアシスタントを務《つと》めながら、自分でも作品を描《か》いて、いくつかの短編《たんぺん》を『週刊少年《しゅうかんしょうねん》ジャンプ』で発表していた。1974年には『ドーベルマン刑事《でか》』(原作　武論尊《ぶろんそん》)という作品で連載《れんさい》デビューを果《は》たしている。主人公は加納錠治《かのうじょうじ》という名の若《わか》い刑事《けいじ》で、犯罪《はんざい》を許《ゆる》さないある種《しゅ》の凶暴《きょうぼう》さを持つ。どう猛《もう》な犬の〝ドーベルマン〟にちなんだ愛称《あいしょう》を持つ主人公が、銃《じゅう》を使いながら事件《じけん》を解決《かいけつ》していくストーリーだ。

　僕《ぼく》がアシスタントに就《つ》いたとき、平松《ひらまつ》さんはまだ23才か24才だったと思う。僕《ぼく》からすれば年の近い、いわば先輩《せんぱい》のような存在《そんざい》だった。平松《ひらまつ》さんも偉《えら》ぶるのが嫌《いや》だったのだろう、最初《さいしょ》の段階《だんかい》で「先生とは言わないでくれ」と伝《つた》えてきた。実際《じっさい》、僕《ぼく》を含《ふく》めた4人のアシスタントはみんな、「平松《ひらまつ》さん」と呼《よ》んでいた。距離感《きょりかん》は近かった。

平松《ひらまつ》さんは20代前半の若《わか》さで『週刊少年《しゅうかんしょうねん》ジャンプ』で連載《れんさい》を持つだけあって、絵はもちろん、人間《にんげん》模様《もよう》の描《えが》き方も抜群《ばつぐん》にうまかった。プロのマンガ家のアシスタントをやらせてもらったことで、マンガの技術《ぎじゅつ》はもちろん、マンガ家という職業《しょくぎょう》がどういうものなのかということも、なんとなくわかったように思う。高校を卒業《そつぎょう》したばかりの僕《ぼく》をつないでくれた『週刊少年《しゅうかんしょうねん》ジャンプ』側《がわ》の期待も、そして未熟《みじゅく》な僕《ぼく》を受け入れてくれた平松《ひらまつ》さんの優《やさ》しさも、本当にありがたかった。

幸運を逃《のが》さない生き方

高校を卒業《そつぎょう》してほどなく、文字どおりマンガ家に近づくことができた。すぐにプロのアシスタントになれるなんてラッキーだと君は思うかもしれない。僕《ぼく》もそう思う。運に恵《めぐ》まれた部分があったことは間違《まちが》いない。ただ、僕《ぼく》は意識的《いしきてき》にせよ無意識《むいしき》にせよ、好《す》きなことを点と点でつないだことが道を開いたんじゃないかとも感じている。絵を描《か》くことが好《す》きで、野球が好《す》きで、テレビアニメやマンガに夢中《むちゅう》になった僕《ぼく》は、誰《だれ》に教わるわけでもなく、小学生のころに見よう見まねでノートにマンガを描《か》き始めた。

「これ、おもしろかった！　続《つづ》き読ませてよ」

こういったマンガの感想を弟たちや友だちからもらうたび、小学生の僕《ぼく》はうれしくてマンガを描《か》き続《つづ》けた。同時に『週刊少年《しゅうかんしょうねん》ジャンプ』や『週刊少年《しゅうかんしょうねん》マガジン』、『週刊少年《しゅうかんしょうねん》サンデー』や『週刊少年《しゅうかんしょうねん》キング』、『週刊少年《しゅうかんしょうねん》チャンピオン』といったマンガ雑誌《ざっし》やコミックスを読みあさって、プロのテクニックをまねしてみた。自分の作品にマンガ家の腕《うで》を反映《はんえい》させようとあれこれ試《ため》してみた。

中学3年生のときには「マンガ家になりたい」という思いが強まって、『週刊少年《しゅうかんしょうねん》ジャンプ』の「月例新人賞《げつれいしんじんしょう》」の受賞《じゅしょう》をめざして、一本の作品を仕上げた。『巨人《きょじん》の星』や『ドカベン』といった野球マンガに刺激《しげき》を受けた僕《ぼく》は、きちんとしたマンガの描《か》き方を身につけようと「マンガの描《か》き方入門」というようなタイトルの本を買って、読み込《こ》んだ。生まれて初《はじ》めて描《か》いたオリジナル作品は大好《だいす》きな野球をテーマにしたもので、残念《ざんねん》ながら

賞《しょう》にはかすりもしなかった。でも、今思えば、中学生の段階《だんかい》で、夢《ゆめ》を見据《みす》えてきちんと行動に移《うつ》したことは、僕《ぼく》にとって大きな前進だった。

小学生のころ、友だちや弟たちの笑顔《えがお》がはげみになったように、高校時代もある言葉に後押《あとお》しされた。

「お前うまいね、プロになれるんじゃないか」

高校の美術《びじゅつ》の先生が、僕《ぼく》が描《か》いたマンガを見て言ってくれた一言だ。

高校3年の夏、僕《ぼく》は先生のこの反応《はんのう》にも奮《ふる》い立ち、本気でマンガ家をめざすことにした。夏休みのまるまる1カ月を使って、2つの作品を仕上げて、『週刊少年《しゅうかんしょうねん》ジャンプ』の編集部《へんしゅうぶ》に持ち込《こ》んだ。ここでも、まだ何者でもない単なる高校生が編集部《へんしゅうぶ》に電話をかけるという積極的《せっきょくてき》なアクションを起こしている。高校生くらいの年ごろだと、恥《は》ずかしさや緊張《きんちょう》が先立って、出版社《しゅっぱんしゃ》に電話をかけることができない人も多いかもしれない。

でも、僕《ぼく》は実行に移《うつ》した。好《す》きなマンガを描《か》いて生きていきたかったからだ。

『週刊少年《しゅうかんしょうねん》ジャンプ』の編集部《へんしゅうぶ》がある集英社《しゅうえいしゃ》で、鈴木《すずき》さんから言われた別《わか》れ際《ぎわ》のアドバイスもずっと忘《わす》れなかった。

「月に何本もネームを持ってくるようにね。それぐらい熱心《ねっしん》にやらないとマンガ家にはなれないよ」

本気かどうかを確認《かくにん》するような言葉に、僕《ぼく》はたきつけられた。鈴木《すずき》さんに挑《いど》むように、ネームを描《か》きまくった。何度も何度もボツを出されたけれど、僕《ぼく》は決してくじけなかった。

プロのマンガ家になりたかったし、目前でチャンスを逃《のが》すのは高校時代の軟式《なんしき》野球部での経験《けいけん》を最後《さいご》にしようと決めていた。レギュラーの同級生がけがをして、サードとして試合《しあい》に出ることになったときの話だ。

せっかくの機会《きかい》だというのに、僕《ぼく》は緊張《きんちょう》しすぎて、試合前《しあいまえ》の練習のノックでエラーを連発《れんぱつ》してしまった。ガチガチの僕《ぼく》は急きょベンチメンバーに戻《もど》り、別《べつ》の同級生がサードで起用された。あんなに悔《くや》しい思いをするのは二度とごめんだった。

高校を卒業《そつぎょう》してすぐ、平松《ひらまつ》さんのアシスタントになれたのは確《たし》かにラッキーだった。ただ、僕《ぼく》は周囲《しゅうい》からの言葉に素直《すなお》に反応《はんのう》し、夢《ゆめ》に近づくために自ら行動し、好《す》きなことを貫《つらぬ》いてきた。好《す》きなことに没頭《ぼっとう》してきた。マンガ家になりたいという思いから、ネームを描《か》きに描《か》いた。その多くが日の目を見なかったけれど、うなだれるだけでは終わらなかった。チャンスを逃《のが》すまいと前を向き続《つづ》けた。全力を尽《つ》くし続《つづ》けた。そして、鈴木《すずき》さんからの助言を生かし、『週刊少年《しゅうかんしょうねん》ジャンプ』の「月例新人賞《げつれいしんじんしょう》」で2度佳作《かさく》を受賞《じゅしょう》することができた。自分の思いをぶれずに持ち続《つづ》け、結果《けっか》も出せたからこそ大きな運を引き寄《よ》せられたのだと思う。

ギリシャ神話に登場する幸運の神は前髪《まえがみ》しかないと言われている。しかも、目の前に現《あらわ》れたらすぐに通りすぎてしまうという。振《ふ》り返ってももう遅《おそ》い。幸運の神は前髪《まえがみ》しかないから、「あっ」と思って後ろを向いても、つかむことはできない。だから、チャンスが訪《おとず》れたら決して逃《のが》さないよう、常《つね》に努力《どりょく》を重ね、運をつかむ準備《じゅんび》をしなければならない、といった格言《かくげん》がヨーロッパにはある。自分で言うのもなんだが、そういった点で、僕《ぼく》は幸運を逃《のが》さない生き方ができていたのだと思っている。

「プロのマンガ家」を学んだアシスタント時代

平松《ひらまつ》さんのアシスタント生活は、高校卒業《そつぎょう》直後の6月からスタートした。アシスタント初経験《はつけいけん》の僕《ぼく》は、最初《さいしょ》は割《わり》と気軽な心がまえでいた。

アシスタントと言っても、これまでまったくアシスタント経験《けいけん》のない僕《ぼく》にはそれほど難《むずか》しい業務《ぎょうむ》は任《まか》されないだろう。たぶん、髪《かみ》の毛の部分にベタを塗《ぬ》ったり、スクリーントーンを貼《は》ったり、ある意味、誰《だれ》でもできるような単純《たんじゅん》作業をまずはやるんだろう。そんな気持ちで東京の板橋区《いたばしく》にあるマンションの最上階《さいじょうかい》にあった平松《ひらまつ》さんの作業場に足を運んだら、まったく違《ちが》った。平松《ひらまつ》さんの言葉に、一瞬《いっしゅん》耳を疑《うたが》った。

「じゃあ、高橋《たかはし》くんにはここの背景《はいけい》を描《か》いてもらおうかな」

いきなりの要求《ようきゅう》に驚《おどろ》いた。すぐに背景《はいけい》を任《まか》されるのかと身が引き締《し》まった。もちろん、自分のマンガで背景《はいけい》はたくさん描《か》いてきた。それなりに仕上げられる自信《じしん》はあったけれど、まだ未熟《みじゅく》な自分がプロの先生の原稿《げんこう》の背景《はいけい》を割《わ》り当てられるとはまさか思っていなかった。

緊張《きんちょう》を抑《おさ》えきれない中、実際《じっさい》に背景《はいけい》にペンを入れていくと、先輩《せんぱい》のアシスタントの方から「もう少し細い線で」と何度か注意された。「まずい」と思い、くり返し細い線を練習した。定規《じょうぎ》を使って本物さながらに見せる方法《ほうほう》も試行錯誤《しこうさくご》した。それから平松《ひらまつ》さんの『ドーベルマン刑事《でか》』の背景《はいけい》を手がけると、実際《じっさい》に自分が描《か》いた背景《はいけい》が雑誌《ざっし》になったときに先輩《せんぱい》の言う意味がよく理解《りかい》できた。

『週刊少年《しゅうかんしょうねん》ジャンプ』を手にして、急いで『ドーベルマン刑事《でか》』のページを開いてみる。自分が手がけた背景《はいけい》が雑誌《ざっし》にのっていることに感動を覚《おぼ》

えながら、冷静《れいせい》にチェックする習慣《しゅうかん》がついた。先輩《せんぱい》が指摘《してき》してくれたように、原稿《げんこう》に描《か》いた線と印刷《いんさつ》された線は微妙《びみょう》に異《こと》なってくる。太い線だと印刷《いんさつ》した際《さい》にインクがにじんで、より幅《はば》が出てしまう。逆《ぎゃく》に細かく描《か》きすぎるとその綿密《めんみつ》さを印刷《いんさつ》では再現《さいげん》できない。線と線がつながって真っ黒になってしまうのだ。一本の線を描《か》くにも、仕上がりをイメージしなければならないことを早くに学べたことは僕《ぼく》にとってとても大きな収穫《しゅうかく》だった。

そのほかにも、平松《ひらまつ》さんのアシスタントを務《つと》める中で勉強になったことはたくさんあった。まずは平松《ひらまつ》さんのマンガに打ち込《こ》む姿勢《しせい》に感銘《かんめい》を受けた。平松《ひらまつ》さんは口数が少なく、黙々《もくもく》と原稿《げんこう》に向かっていた。その背中《せなか》からは良《よ》い作品を世に送り出してやろうという情熱《じょうねつ》が感じられて、プロというのはこれだけ没頭《ぼっとう》しなければならないのだなと感じた。週刊誌《しゅうかんし》の制作《せいさく》の流れがわかったのも収穫《しゅうかく》だった。これは実際《じっさい》に自分が連載《れんさい》を始めるうえでも本当に役に立った。

どのタイミングでネームを仕上げて、どのタイミングでアシスタントが忙《いそが》しくなって、アシスタントはどれくらいのスピードで背景《はいけい》を描《か》き上げなければならないのか。そういった工程《こうてい》を、自分の身をもって知ることができたのは、その後のマンガ家人生に間違《まちが》いなく生きている。そもそも、先生は人物のペン入れに専念《せんねん》して、背景《はいけい》はアシスタントが担当《たんとう》するという分業制《ぶんぎょうせい》を採用《さいよう》していることも僕《ぼく》にとっては発見だった。当然《とうぜん》、アシスタントの僕《ぼく》たちは背景以外《はいけいいがい》にもベタを塗《ぬ》ったり、スクリーントーンを貼《は》ったりという作業も任《まか》され、一つひとつの作業に責任《せきにん》を持って取り組まなければならなかった。

「週刊誌《しゅうかんし》」という名のとおり、毎週一本のストーリーを完成《かんせい》させなければ

ばならない。1週間のうち3日か4日は平松《ひらまつ》さんの作業場に泊《と》まり込《こ》むような生活だった。先生が寝《ね》なければ、当然《とうぜん》アシスタントも寝《ね》られない。徹夜《てつや》が続《つづ》く。締《し》め切り間際《まぎわ》はずっと寝《ね》ずに仕事を続《つづ》けるという生活は大変《たいへん》といえば大変《たいへん》だったけれど、自分も早くプロになりたいという思いが上回っていた。

アシスタントの先輩《せんぱい》たちはまだサポートする立場とはいえ、みんな絵が本当にうまかった。自分が描《か》く背景《はいけい》の出来はまだまだだと痛感《つうかん》したし、大いに刺激《しげき》を受けた。なんと言っても、目の前にいる平松《ひらまつ》さんは16才のときにプロデビューを果《は》たし、19才で連載《れんさい》をスタートしているのだ。僕《ぼく》は平松《ひらまつ》さんのアシスタントを始めて1カ月後の7月に19才になっていた。早く自分の作品を世の中に発表したい、という思いは日に日に強くなっていった。

佳作《かさく》どまりの日々を抜《ぬ》け出すために

週の半分はほぼ徹夜《てつや》。３日か４日はほぼ寝《ね》ずに仕事をして、担当編集《たんとうへんしゅう》者《しゃ》に原稿《げんこう》を納品《のうひん》したら、家に帰って泥《どろ》のように眠《ねむ》る。文字どおり、目が回るような生活だった。アシスタントの仕事が生活の大半を占《し》めていた。その忙《いそが》しさに埋《う》もれてしまう人もいるだろう。実際《じっさい》、鈴木《すずき》さんにはこんな忠告《ちゅうこく》を受けていた。

「アシスタントの収入《しゅうにゅう》で生活できるといえばできるから、そこでなんとなく『これでいいか』と思ってプロの道をあきらめる人もいる。もちろんアシスタントの仕事は勉強にはなるけど、高橋《たかはし》くんの場合は、アシスタントを長く続《つづ》けない方向で考えてほしい」

鈴木《すずき》さんの指摘《してき》を待つまでもなく、当然《とうぜん》、僕《ぼく》は自分のマンガを描《か》きたかった。正直に言って、この当時、遊ぶひまなんてまったくなかった。平松《ひらまつ》さんの作品を手伝《てつだ》いながら、自分のマンガのことも考えていた。時間を見つけてはテーマやストーリーの構成《こうせい》を練り出して、魅力的《みりょくてき》な登場人物を生み出そうと必死《ひっし》だった。コマ割《わ》りやセリフを考えて、ネームを描《か》きまくった。今だから言えるけれど、平松《ひらまつ》さんのアシスタントを務《つと》めながら、徹夜《てつや》の隙間《すきま》時間に自分のマンガの作業を進めていたこともある。新人賞《しんじんしょう》の審査員《しんさいん》を務《つと》めていた平松《ひらまつ》さんにネームを見てもらって、アドバイスをもらうことができたのも貴重《きちょう》な経験《けいけん》だった。

高校を卒業《そつぎょう》して平松《ひらまつ》さんのアシスタントを務《つと》めていた時期に手がけたネームは、ほとんどのテーマがスポーツで、真剣《しんけん》な少年たちを描《か》くものだった。僕《ぼく》にとってのマンガ原体験《げんたいけん》である野球マンガの『巨人《きょじん》の星』や『ドカベン』、それからボクシングマンガの『あしたのジョー』に影響《えいきょう》された部分は大きかったと思う。

高校時代、編集者《へんしゅうしゃ》の鈴木《すずき》さんに言われた「高橋《たかはし》くんには少年性《せい》をうまくとらえる感覚があるし、男の子の純粋《じゅんすい》さをきっちりと描《か》く力がある」というアドバイスも心に残《のこ》っていた。

何度か鈴木《すずき》さんのもとに足を運び、再《ふたた》びゴーサインをもらったのは『番長キーパー』という作品だ。少年サッカーをテーマにしたもので、ゴールキーパーが主人公だった。〝番長〟とはいわゆる不良《ふりょう》グループのリーダーの呼《よ》び名で、かなりやんちゃで気が強いゴールキーパーを軸《じく》に話が展開《てんかい》していく。主人公の見た目やキャラクターは野球マンガ『ドカベン』に登場する岩鬼正美《いわきまさみ》を意識《いしき》した部分もあったかもしれない。岩鬼《いわき》のように常識《じょうしき》に

とらわれない、とがった性格《せいかく》の主人公がサッカーの守備《しゅび》の要《かなめ》であるゴールキーパーをやったら……という思いが発想の根本《こんぽん》にあった。ストーリーにアクセントを加《くわ》えるために、女性《じょせい》をコーチとして登場させた。

鈴木《すずき》さんの許可《きょか》を得《え》たあと、僕《ぼく》は平松《ひらまつ》さんのアシスタント業をこなすかたわら、『番長キーパー』にペンを入れていった。『友情《ゆうじょう》イレブン』も『おんぼろエンゼルス』も『週刊少年《しゅうかんしょうねん》ジャンプ』の「月例新人賞《げつれいしんじんしょう》」に入賞《にゅうしょう》したけれど、佳作《かさく》だったから雑誌《ざっし》には掲載《けいさい》されていない。うれしさがある反面、悔《くや》しさもあった。佳作《かさく》ではまだプロには遠い。「今度こそトップである入選《にゅうせん》を果《は》たすぞ」という強い気持ちで『番長キーパー』を仕上げた。

結果《けっか》はまたしても佳作《かさく》に終わった。僕《ぼく》にとっては足踏《あしぶ》み以外《いがい》の何ものでもなかった。正直に言って、不満《ふまん》だった。まだ入選《にゅうせん》を手にいれるだけの実力が備《そな》わっていない自分に対してふがいなかった。自分にはまだ何かが足りないのだ。だからと言って、あきらめるわけにはいかない。もっともっと必死《ひっし》に打ち込《こ》まなければという覚悟《かくご》を強めた。

次に鈴木《すずき》さんからOKをもらったのは『悪友バッテリー』という作品のネームだった。野球部を舞台《ぶたい》にしたもので、「犬猿《けんえん》の仲《なか》」とも言えるほど相性《あいしょう》が悪いピッチャーとキャッチャーにフォーカスを当てた。勝つためにぶつかり合いながらもお互《たが》いを理解《りかい》し合い、最後《さいご》は素晴《すば》らしいプレーを見せる。そんなストーリーを31ページで展開《てんかい》させて、「月例新人賞《げつれいしんじんしょう》」に応募《おうぼ》した。

4度目の挑戦《ちょうせん》も同じ結果《けっか》だった。また名前と一部のカットだけが掲載《けいさい》される佳作《かさく》どまりだった。これまでと同様に、どこか物足りない感覚《かんかく》を味わわざるを得《え》なかった。もう一つ上に行けないもどかしさが募《つの》った。

「次こそは必《かなら》ず入選《にゅうせん》する」と心に決めた。

とすれば、自分のマンガにより集中しなければならない。より多くの時間を費《つい》やさなければならない。鈴木《すずき》さんが言っていた「アシスタントの収入《しゅうにゅう》で生活できるといえばできるから、そこでなんとなく『これでいいか』と思ってプロの道をあきらめる人」になるつもりはなかった。マンガ家になるという夢《ゆめ》を絶対《ぜったい》にかなえたかった。

平松《ひらまつ》さんのアシスタントを始めてから半年。19才の僕《ぼく》は１９７９年の冬に一つの決断《けつだん》を下した。12月いっぱいで平松《ひらまつ》さんのアシスタントをやめさせてもらうことにしたのだ。自分のマンガを描《か》くため、そして夢《ゆめ》の実現《じつげん》のために、より多くの時間を使いたかったからだ。逃《に》げ道をなくした僕《ぼく》は、それでも前進している感覚《かんかく》があった。自分にしか描《か》けないマンガを発表してやろうという意気込《いきご》みを胸《むね》に、新たな一歩を踏《ふ》み出した。

南葛
南葛

明和
南
CAPTAIN

第5章

1978年ワールドカップから受けた影響《えいきょう》

1980年の1月、19才の僕《ぼく》は自分の夢《ゆめ》を形にするため、自分自身のマンガ制作《せいさく》に集中するルートを選択《せんたく》した。我《われ》ながら、その若《わか》さにしてはなかなかの決断《けつだん》だったと思う。ただ、それほど不安《ふあん》はなかった。あきらめなければ、やがて道が開けるという期待感もあったし、とにかくプロのマンガ家になりたいという気持ちが強かった。

ありがたいことに、平松伸二《ひらまつしんじ》先生のアシスタントをやめたあとも、『週刊少年《しゅうかんしょうねん》ジャンプ』の編集部《へんしゅうぶ》からはサポートを受けていた。「ほかの出版社《しゅっぱんしゃ》のマンガ雑誌《ざっし》には持ち込《こ》まないように」という条件《じょうけん》で、「激励賞《げきれいしょう》」といった名目のもと、月3万円程度《ていど》を支払《しはら》ってもらっていたのだ。加《くわ》えて、定期的《ていきてき》に「月例新人賞《げつれいしんじんしょう》」の佳作《かさく》の賞金《しょうきん》が入っていたし、平松《ひらまつ》さんやほかのプロの先生が忙《いそが》しいときには単発《たんぱつ》でアシスタントの仕事に入ることもできたので、その作業をこなすことで収入《しゅうにゅう》を得《え》ることはできていた。

『週刊少年《しゅうかんしょうねん》ジャンプ』の「月例新人賞《げつれいしんじんしょう》」で佳作《かさく》が続《つづ》く中で、僕《ぼく》は自分の作品には何かが足りないのだと感じていた。絵の技術《ぎじゅつ》なのか、ストーリーの魅力《みりょく》なのか、コマ割《わ》りによる読みやすさなのか、登場人物の個性《こせい》なのか……それは自分にもまだ明確《めいかく》にはわからなかった。ただ、いずれにせよ、突《つ》き抜《ぬ》けるための何かが不足《ふそく》している感覚《かんかく》があった。

高校生のときにマンガを持ち込《こ》んだ日、初対面《しょたいめん》の鈴木晴彦《すずきはるひこ》さんは編集《へんしゅう》者《しゃ》として「まずは好《す》きなものを描《か》いたほうがいいよ」とアドバイスをくれた。そのうえで、自分にしか描《か》けないマンガを生み出すにはどうしたらいいのだろう。僕《ぼく》は自問自答をくり返していた。頭を悩《なや》ませていたときに、高校３年生の６月に見たサッカーのワールドカップを思い出した。

１９７８年にアルゼンチンで行われた大会で、僕《ぼく》はそのとき初《はじ》めてサッカーが世界的《せかいてき》に人気のスポーツだと知った。優勝《ゆうしょう》したアルゼンチンにはマリオ・ケンペスというストライカーがいて、彼《かれ》は大会得点王《とくてんおう》に輝《かがや》いた。そのほか、ブラジル代表にはのちに日本の鹿島《かしま》アントラーズでプレーするジーコがいたし、イタリア代表には４年後の大会得点王《とくてんおう》になるパオロ・ロッシというフォワードがいた。フランスにはミシェル・プラティニという創造性《そうぞうせい》豊《ゆた》かなミッドフィルダーがいたし、西ドイツにはカー

ル・ハインツ・ルンメニゲという職人《しょくにん》タイプのストライカーがいた。

今、リオネル・メッシやクリスチアーノ・ロナウド、ネイマールやアントワーヌ・グリーズマン、ジェラール・ピケやマヌエル・ノイアーといったスター選手《せんしゅ》が世界一の称号《しょうごう》をめざして必死《ひっし》に戦《たたか》う晴れ舞台《ぶたい》とまったく同じだ。それぞれ独自《どくじ》の特徴《とくちょう》を持つ選手《せんしゅ》たちが真剣《しんけん》勝負をくり広げるワールドカップは、誤解《ごかい》を恐《おそ》れずにいえば、いかにもマンガ的《てき》だった。野球マンガの『ドカベン』は個性豊《こせいゆた》かなキャラクターがたくさん出てくる点が魅力《みりょく》だけれど、ワールドカップにはそれに近い魅力《みりょく》があった。

思い起こせば、1978年のワールドカップは間違《まちが》いなく僕《ぼく》の興味《きょうみ》を刺激《しげき》した。何より、大の大人たちが世界一という夢《ゆめ》をかなえようと全力でボールを追うという姿《すがた》に胸《むね》を打たれた。当時はインターネットもなく、テレビ放送も限《かぎ》られていた。あまり映像《えいぞう》に触《ふ》れる機会《きかい》がなかったから、サッカー雑誌《ざっし》をむさぼるように読んだことを覚《おぼ》えている。各国代表《かっこく》や選手《せんしゅ》たちの情報《じょうほう》を集めるため、過去《かこ》の号も手に入れるほどの熱《ねつ》の入れようだった。

そんなことをなんとなく思い出していると、僕《ぼく》が次に描《か》くべきなのはサッカーマンガなのではという気がしてきた。最初《さいしょ》に「月例新人賞《げつれいしんじんしょう》」で佳作《かさく》を取った『友情《ゆうじょう》イレブン』という作品もサッカーものだったし、鈴木《すずき》さんの言葉にしたがえば、「まずは好《す》きなものを描《か》いたほうがいい」のだ。日本ではまだサッカーは人気度が低《ひく》かったし、周《まわ》りを見渡《みわた》せばサッカーマンガの連載《れんさい》はほとんどない。つまり、誰《だれ》かの作品に似《に》てしまう可能性《かのうせい》は薄《うす》く、むしろオリジナリティーが出せる。「自分にしか描《か》けないマンガ」はやはりサッカーを題材《だいざい》にしたものなのでは、という確信《かくしん》めいた感覚《かんかく》がわき上がってきた。

ストライカーの名前は「翼太郎《つばさたろう》」

平松《ひらまつ》さんによれば、僕《ぼく》は平松《ひらまつ》さんのアシスタント時代にも熱心《ねっしん》にネームを描《か》き進めていたという。のちに『そしてボクは外道《げどう》マンになる』という自伝的《じでんてき》マンガの中で、ほかのアシスタントが作業で疲《つか》れきって寝《ね》ている中、僕《ぼく》一人が眠《ねむ》らずに机《つくえ》に向かい自分のマンガの構想《こうそう》を練っていたと記されている。

そのマンガのネームをアシスタント時代に手がけていたかどうか、記憶《きおく》は定かではない。けれど、平松《ひらまつ》さんのアシスタントをやめたあと、１９７８年のワールドカップにも刺激《しげき》を受けて、サッカーマンガを仕上げていったのは事実だ。

４回連続の佳作《かさく》で足踏《あしぶ》みしていた僕《ぼく》は、プロデビューにもっと近づける「入選《にゅうせん》」に狙《ねら》いを定めていた。

許《ゆる》されたスペースはこれまでと同じ31ページ。限《かぎ》られた原稿《げんこう》の中で、焦点《しょうてん》を絞《しぼ》りながら独自《どくじ》の世界観《せかいかん》をつくり、そのうえで読者を引き込《こ》んで「続《つづ》きが読みたい！」と興奮《こうふん》してもらわなければならない。何度も何度も考え抜《ぬ》いた結果《けっか》、得点《とくてん》を決めるためにプレーするストライカーと、得点《とくてん》を許《ゆる》さないためにピッチに立つゴールキーパーのライバル関係《かんけい》に的《まと》を絞《しぼ》ることにした。『週刊少年《しゅうかんしょうねん》ジャンプ』の読者と同じ年代の中学生で、２人は幼《おさな》なじみでもある。

ただ、それだけではなんだか物足りない気がする。「自分には何かが足りない」と考えていた僕《ぼく》は、もうひとひねり入れようと、女の子を登場さ

せることにした。どこにでもいる中学生なら、恋愛《れんあい》の一つや二つはしているだろう。そう思って、ストライカーとゴールキーパーはサッカーだけでなく、恋《こい》においてもライバルの立場にある設定《せってい》にした。いわばスポーツものと恋愛《れんあい》ものをかけ合わせたような内容《ないよう》だ。

　ストライカーの名前は「翼太郎《つばさたろう》」。選手《せんしゅ》として世界に羽ばたくような、常《つね》に上へ上へと成長《せいちょう》していくようなイメージを込《こ》めた。単《たん》なるフォワードの選手《せんしゅ》ではなく、南葛《なんかつ》中学のキャプテンを務《つと》めている。サッカーの名門、修哲《しゅうてつ》中学のゴールキーパーは「若林源三《わかばやしげんぞう》」という名前で、日本中が注目する実力者だ。ペナルティエリア外からのシュートを一度も決められたことがない。ちなみに、この「南葛《なんかつ》中学」は以前にも触《ふ》れたように、僕《ぼく》が通っていた「南葛飾《みなみかつしか》高校」から取った校名だが、「修哲《しゅうてつ》中学」は、南葛飾《みなみかつしか》高校と同じ葛飾区《かつしかく》にある「修徳《しゅうとく》高校」から取っている。修徳《しゅうとく》高校にも軟式《なんしき》野球部があり、僕《ぼく》が所属《しょぞく》していた南葛飾《みなみかつしか》高校の軟式《なんしき》野球部とはライバル関係《かんけい》だったため、この名前をつけたのだと思う。

翼《つばさ》と若林《わかばやし》はプレーヤーとしては対照的《たいしょうてき》だ。小学生のころ、2人はキッカーズというクラブチームの入団《にゅうだん》テストを受けていて、若林《わかばやし》が合格《ごうかく》してすぐにレギュラーになった。一方、翼《つばさ》は不合格《ふごうかく》に終わっている。若林《わかばやし》はエリート、翼《つばさ》はある意味〝落ちこぼれ〟という正反対の設定《せってい》にした。実際《じっさい》、翼《つばさ》は「源三《げんぞう》――おれはおまえに一度も勝ったことがない」と心の中でつぶやく。ただ、南葛中《なんかつちゅう》の監督《かんとく》いわく、翼《つばさ》は「人一倍負けずぎらい」だ。そんな2人が全国中学生サッカー選手権《せんしゅけん》大会の地区予選《ちくよせん》決勝で激突《げきとつ》する。

下描《したが》きのネームを見た鈴木《すずき》さんから「これでいこう」という答えをもらった僕《ぼく》は、ていねいにペン入れをして仕上げに取りかかった。翼太郎《つばさたろう》と

若林《わかばやし》源三《げんぞう》のストーリーに息を吹《ふ》き込《こ》んでいった。
完成《かんせい》したとき、これまでにない手ごたえがあった。まだマンガに取り上げられることが少ないサッカー、しかも自分自身が１９７８年のワールドカップをきっかけに好《す》きになったスポーツをテーマにし、誰《だれ》しも多かれ少なかれ意識《いしき》せざるを得《え》ないライバル関係《かんけい》を取り上げ、さらには読者の共感《きょうかん》を呼《よ》べそうな恋愛《れんあい》の要素《ようそ》も盛《も》り込《こ》んだ。１９８０年の春の訪《おとず》れを前にした僕《ぼく》は、「今度こそ」という期待を胸《むね》に『週刊少年《しゅうかんしょうねん》ジャンプ』の「月例新人賞《げつれいしんじんしょう》」に『キャプテン翼《つばさ》』を送り込《こ》んだ。

ついに、自分の描《か》いたマンガが『週刊少年《しゅうかんしょうねん》ジャンプ』に

5度目の挑戦《ちょうせん》は実を結《むす》んだ。4度の佳作《かさく》であきらめなくて本当に良《よ》かった。アシスタントをやめ、自分のマンガ制作《せいさく》に集中するという選択《せんたく》は間違《まちが》っていなかった。「自分には何かが足りない」と自問自答をくり返し、大好《だいす》きなサッカーを取り上げ、そこに恋愛要素《れんあいようそ》をちょっとしたアクセントとして加《くわ》えるという発想もきっとプラスに働《はたら》いたと思う。

31ページの『キャプテン翼《つばさ》』は「月例新人賞《げつれいしんじんしょう》」のトップにあたる入選《にゅうせん》に輝《かがや》いた。日ごろから親身になってアドバイスをくれ続《つづ》けてきた編集者《へんしゅうしゃ》の鈴木《すずき》さんから連絡《れんらく》をもらったとき、僕《ぼく》は飛《と》び上がるくらいうれしかった。

僕《ぼく》がプロのマンガ家をめざしている姿《すがた》を見ていた両親から、「おめでと

う」とひと声かけてもらったときもとても幸せな気分を味わった。

幼《おさな》なじみであり、ライバル関係《かんけい》にもある翼太郎《つばさたろう》と若林源三《わかばやしげんぞう》による『キャプテン翼《つばさ》』は1980年5月5日号の『週刊少年《しゅうかんしょうねん》ジャンプ』に掲載《けいさい》された。僕《ぼく》がアシスタントとしていろいろと教えてもらった平松《ひらまつ》さんによるマンガ『リッキー台風《たいふーん》』の次の次にのっている。207ページ目から始まっていて、小学生のころから読んでいた雑誌《ざっし》、日本マンガ界の第一人者として活躍《かつやく》していた手塚治虫《てづかおさむ》先生が『ライオンブックス』というシリーズものを掲載《けいさい》していた週刊誌《しゅうかんし》に自分の作品がのっているのを見たときは、涙《なみだ》が出そうなほど感動した。31ページのショートストーリーだったけれど、読者の方からいくつかファンレターが届《とど》いたのにも心を打たれた。

夢《ゆめ》の実現《じつげん》にまた一歩近づいた実感があった。それでも、ようやく入選《にゅうせん》を果《は》たし、自分のマンガが雑誌《ざっし》にのった喜《よろこ》びでいつまでも浮《う》かれているわけにはいかなかった。まだプロのマンガ家になったわけではない。ようやく夢《ゆめ》のスタート地点に立ったにすぎないと身が引き締《し》まった。

担当編集者《たんとうへんしゅうしゃ》の鈴木《すずき》さんと話し合った結果《けっか》、31ページの読み切りだった『キャプテン翼《つばさ》』をベースにして連載《れんさい》をつかもうという方向性《せい》が決まった。鈴木《すずき》さんとしては、マンガ界ではまだ未開《みかい》のサッカー、しかも世界的《せかいてき》なスポーツであるサッカーを取り上げることに可能性《かのうせい》を感じていたようだ。僕《ぼく》も鈴木《すずき》さんの意見に賛成《さんせい》だった。サッカーならば「自分にしか描《か》けないマンガ」を生み出せそうな感覚《かんかく》があった。

1980年といえば、Jリーグが誕生《たんじょう》する10年以上《いじょう》前のことだ。やがてJリーグに発展《はってん》するアマチュアの日本サッカーリーグは、観客《かんきゃく》が

２０００人入れば上々という状態《じょうたい》だった。サッカー日本代表は１９７８年ワールドカップのアジア・オセアニア予選《よせん》で早期敗退《そうきはいたい》を強いられている。イスラエルに０－２と０－２で２敗《はい》、韓国《かんこく》には０－０と０－１で１分け１敗《ぱい》という成績《せいせき》で、１勝も挙《あ》げられないどころか、４試合《しあい》で１得点《とくてん》も奪《うば》えない状態《じょうたい》でグループステージで姿《すがた》を消した。

ワールドカップの常連国《じょうれんこく》となった今では考えられないかもしれないけれど、日本代表は長らくアジアでも勝てない時期が続《つづ》いていたのだ。当然《とうぜん》、注目度は低《ひく》い。かつての自分がそうだったように、サッカーよりも野球を楽しむ子どものほうが断然《だんぜん》多かった。それでも、日本の外に目を向けてみれば、４年に一度ワールドカップが行われているように、サッカーは世界的《せかいてき》人気が高い。地球規模《きぼ》で愛《あい》されているサッカーで勝負する選択《せんたく》は僕《ぼく》にも魅力的《みりょくてき》に思えた。強いやりがいを感じた。

連載《れんさい》とはつまり、毎週一本の原稿《げんこう》を描《か》き続《つづ》けることだ。これまでのように31ページでまとめるのとはわけが違《ちが》う。できるだけ長く続《つづ》けるには、多くの読者を引きつけ、十代のころの自分がそうだったように「早く続《つづ》きが読みたい」と思ってもらえるようなキャラクターの多様性《たようせい》やストーリーの奥深《おくぶか》さを用意しなければならない。

まだ連載《れんさい》の経験《けいけん》が一度もない僕《ぼく》にとっては、一定の時間が必要《ひつよう》だった。たった一本の短編《たんぺん》が入選《にゅうせん》を果《は》たしたにすぎないマンガ家の卵《たまご》にとって、自分のスポーツマンガの原点にある野球ものの『巨人《きょじん》の星』や『ドカベン』、ボクシングものの『あしたのジョー』のように、山あり谷ありのうねりのある物語性《せい》を軸《じく》にして個性豊《こせいゆた》かな登場人物たちを躍動《やくどう》させる設計図《せっけいず》をつくるのは、そう簡単《かんたん》なことではない。

決まっているのは、読み切りの『キャプテン翼《つばさ》』を土台にするという

ことだけ。実のところ、1980年5月5日号の『週刊少年《しゅうかんしょうねん》ジャンプ』に作品が掲載《けいさい》されてから1年ほど、僕《ぼく》は一度もペン入れをしていない。翼《つばさ》太郎《たろう》と若林源三《わかばやしげんぞう》のライバル関係《かんけい》をどう広げていけばいいのか——初《はつ》の連載《れんさい》を手にするため、1年をかけて鈴木《すずき》さんとともに構想《こうそう》を練り続《つづ》けた。

『キャプテン翼《つばさ》』がスタートするまでの準備《じゅんび》期間

君は「備《そな》えあれば憂《うれ》いなし」とか「段取《だんど》り八分」という言葉を知っているだろうか。

「備《そな》えあれば憂《うれ》いなし」は「しっかりとした準備《じゅんび》が整っていれば、どんなことが起きても心配する必要《ひつよう》はない」という意味のことわざだ。「段取《だんど》り八分」は会社などでよく使われるフレーズで、仕事を進めるうえで、事前の準備《じゅんび》がいかに重要《じゅうよう》かを表している。段取《だんど》り、つまり準備《じゅんび》を入念《にゅうねん》にしておけば、その仕事の８割《わり》は終わったも同然《どうぜん》という使われ方をする。「備《そな》えあれば憂《うれ》いなし」も「段取《だんど》り八分」も「準備《じゅんび》」の大切さを説《と》いた言葉だ。

たとえば君が走り幅跳《はばと》びをするとき、助走の距離《きょり》は短めのほうがいいだろうか。それとも長めのほうがいいだろうか。跳《と》ぶためのスピードとエネルギーをためる時間だと考えれば、助走はやはり長いほうがいいだろう。助走はある意味、より遠くへ跳《と》ぶための「準備《じゅんび》」なのだ。

読み切りの『キャプテン翼《つばさ》』が発表されてから、僕《ぼく》の準備《じゅんび》は１年にも及《およ》んだ。どうすれば読者をすぐに引きつけ、継続《けいぞく》して「続《つづ》きが読みたい」と

思ってもらえるか。プロのマンガ家になる一歩手前で、僕《ぼく》は思う存分の助走を取らなければならなかった。

『週刊少年《しゅうかんしょうねん》ジャンプ』の連載《れんさい》を勝ち取るには3話分のネームをつくり、編集部《へんしゅうぶ》の連載会議《れんさいかいぎ》でOKをもらわなければならない。翼太郎《つばさたろう》と若林源三《わかばやしげんぞう》のライバル関係《かんけい》をどうやって広げていくか、編集者《へんしゅうしゃ》の鈴木《すずき》さんと何度も話し合いを重ねた。最初《さいしょ》は読み切りの『キャプテン翼《つばさ》』の連載版《れんさいばん》のようなイメージで、中学生同士《どうし》のストーリーとしてネームを仕上げてみた。ただ、その案《あん》は通らなかった。一定の時間と労力《ろうりょく》をかけたネームに対しては、『週刊少年《しゅうかんしょうねん》ジャンプ』の編集長《へんしゅうちょう》と副編集長《ふくへんしゅうちょう》から封筒《ふうとう》で短い手紙が届《とど》いた。良《よ》い部分を指摘《してき》してもらっている一方で、ダメな理由も記されていた。プロの視点《してん》は厳《きび》しかったし、不合格《ふごうかく》という結果《けっか》に僕《ぼく》は落ち込《こ》んだ。

もちろん、いつまでもへこんでいるわけにはいかない。また鈴木《すずき》さんとひたいを合わせて戦略《せんりゃく》を練った。もう少し主人公のキャラクターを立たせたらどうだろう。どちらが言い出したのかはよく覚《おぼ》えていないけれど、そのアイデアは試《ため》す価値《かち》があると感じた。翼《つばさ》をもっとやんちゃでわんぱくな性格《せいかく》にした。生意気な感じを引き立たせるために、兄弟がいる設定《せってい》にして形にした3話分のネームは、残念《ざんねん》ながらまたしても不採用《ふさいよう》に終わった。まだ決め手に欠《か》けるということだ。

2度の失敗《しっぱい》を受けて、僕《ぼく》はまたいろいろと考え直した。誰《だれ》に向かって、まずは何を伝《つた》えたいのだろう。自分に問いかけ、鈴木《すずき》さんとも意見を交わした。僕《ぼく》は、野球少年であり、マンガに夢中《むちゅう》だったかつての自分のような小学生に読んでもらいたいと思った。だから、不採用《ふさいよう》を告《つ》げられた前の2回はいずれも読み切りと同じく中学校を舞台《ぶたい》にしていたけれど、今

度は小学校を舞台《ぶたい》にすることにした。何を伝《つた》えたいかについては、僕《ぼく》が1978年のワールドカップで初体験《はつたいけん》したようなサッカーの迫力《はくりょく》をまずシンプルに描《か》くべきではないかと思えた。鈴木《すずき》さんもその意見に賛成《さんせい》してくれた。

日本ではまだサッカーの人気はそれほど高くない。いきなり試合《しあい》を描《か》いても読者をとまどわせる可能性《かのうせい》が高い気がする。別《べつ》の方法《ほうほう》でサッカーの持つダイナミックさを伝《つた》えるにはどうすればいいのだろう。鈴木《すずき》さんとあれこれ話し合いながら、方向性《ほうこうせい》が決まった。

1話目では主人公の翼《つばさ》が丘《おか》の上から若林《わかばやし》の家にボールを蹴《け》り込《こ》む。2話目では、若林《わかばやし》から蹴《け》られたボールを、ワントラップし、走っているバスの下を通して蹴《け》り返す。3話目では翼《つばさ》が若林《わかばやし》のチームの2軍《ぐん》の選手《せんしゅ》をすべて軽やかに抜《ぬ》き去り、若林《わかばやし》からゴールを奪《うば》う。3話それぞれにインパクトの強い場面を盛《も》り込《こ》むことにした。

何を伝《つた》えたいかという点については、もう一つ考えがあった。サッカーにはワールドカップという大舞台《おおぶたい》がある。登場人物たちにはいずれ世界で活躍《かつやく》するという大きな夢《ゆめ》を持たせたいと思った。夢《ゆめ》に向かってあきらめずに努力《どりょく》を続《つづ》ける姿《すがた》を描《えが》いて、無限《むげん》の可能性《かのうせい》を持つ読者の子どもたちに勇気《ゆうき》やエネルギーを与《あた》えられないかと考えたのだ。大きく羽ばたいていくイメージを込《こ》めて、主人公の名前も翼太郎《つばさたろう》から大空翼《おおぞらつばさ》に変《か》えることに決めた。

３話それぞれにサッカーのすごさを伝《つた》えるヤマ場を設《もう》けたネームを仕上げたとき、僕《ぼく》は一定の手ごたえを感じていた。

第6章

3度目の正直

『週刊少年《しゅうかんしょうねん》ジャンプ』を発刊《はっかん》している集英社《しゅうえいしゃ》は大手出版社《しゅっぱんしゃ》の一つだ。『週刊少年《しゅうかんしょうねん》ジャンプ』は1980年には発行部数が300万部を突破《とっぱ》するほどの人気を誇《ほこ》っていた。実際《じっさい》、同年に発売された1月21日・1月28日合併号《がっぺいごう》では「300万部への歩み」という特集《とくしゅう》を組んでいる。だから今でも「週刊少年《しゅうかんしょうねん》ジャンプ連載会議《れんさいかいぎ》」は集英社《しゅうえいしゃ》の中で、一番重要《じゅうよう》で評価《ひょうか》が厳《きび》し

い会議《かいぎ》と言われている。つまり、『週刊少年《しゅうかんしょうねん》ジャンプ』の連載《れんさい》への道の前には、せまき門が存在《そんざい》しているのだ。

「3度目の正直」という言葉がある。もともとは、占《うらな》いや勝負事において1度目や2度目の結果《けっか》はなかなか信用《しんよう》できないけれど、3度目は確度《かくど》が高いという意味のことわざだ。転じて「物事は3度目には期待どおりの結果《けっか》が出る」という意味で使われる。くり返し挑戦《ちょうせん》すれば、成果《せいか》が出る可能性《かのうせい》が高まるということだろう。

2度の不採用《ふさいよう》を経《へ》て描《か》き上げた『キャプテン翼《つばさ》』は、僕《ぼく》にとってまさに「3度目の正直」だった。厳《きび》しい評価《ひょうか》が飛《と》び交う「週刊少年《しゅうかんしょうねん》ジャンプ連載《れんさい》会議《かいぎ》」、つまりせまき門を通り、ついに念願《ねんがん》の連載《れんさい》が決まった。1981年の早春、担当編集者《たんとうへんしゅうしゃ》の鈴木晴彦《すずきはるひこ》さんから「連載《れんさい》が決まったよ」という連絡《れんらく》をもらったとき、僕《ぼく》は本当にうれしかった。プロのマンガ家になるという夢《ゆめ》が本格的《ほんかくてき》にかなった感動は、言葉では言い表せないほど格別《かくべつ》なものだった。

長い長い準備《じゅんび》が報《むく》われた気がした。読み切りの『キャプテン翼《つばさ》』が発表されてから1年、いくつものストーリーを考え、主人公の大空翼《おおぞらつばさ》やほかの登場人物の顔も数えきれないほどのパターンで描《か》いた。鈴木《すずき》さんから「ほかのマンガ雑誌《ざっし》も読んだほうがいいよ」と言われていたから、参考《さんこう》のために毎週、ほぼすべてのマンガ雑誌《ざっし》に目を通した。それなのに自分のマンガがなかなか形にならず、正直、もんもんとした気持ちが続《つづ》いた日もあった。

ただ、今になって思えば、じっとチャンスをうかがって試行錯誤《しこうさくご》を重ねたあの1年は僕《ぼく》のマンガ家人生においてとても重要《じゅうよう》だったと感じる。十分すぎるほどの助走を取ったからこそ、『キャプテン翼《つばさ》』はこれだけ長い間愛《あい》される作品になったのではないかとも思うのだ。最初《さいしょ》の3話では試合《しあい》を描《か》かず、インパクトの強い場面でサッカーの持つ迫力《はくりょく》を伝《つた》える。ワールドカップ優勝《ゆうしょう》という大きな夢《ゆめ》を持つ主人公が、さまざまな仲間《なかま》やライバルとともに、ときに壁《かべ》に突《つ》き当たりながらも成長《せいちょう》していく。1年間を通して導《みちび》き出したシンプルでわかりやすい構成《こうせい》が『キャプテン翼《つばさ》』の人気を支《ささ》えてきたと言ってもいいかもしれない。

マンガ家になるための助走という意味でいえば、3才くらいのとき、祖母《そぼ》に連《つ》れていってもらった近所の広場で、拾ったくぎをペン代わりに地面に絵を描《か》いたのが始まりだったのかもしれない。小学生のころに見よう見まねでマンガを描《か》き始め、中学生のときには『週刊少年《しゅうかんしょうねん》ジャンプ』の「月例新人賞《げつれいしんじんしょう》」に応募《おうぼ》した。高校卒業《そつぎょう》前にはプロのマンガ家になると決めて集英社《しゅうえいしゃ》に自分のマンガ2本を持ち込《こ》み、以降《いこう》、「月例新人賞《げつれいしんじんしょう》」で4度の佳作《かさく》と1度の入選《にゅうせん》を果《は》たした。それから連載獲得《れんさいかくとく》に向けて1年間試行《しこう》錯誤《さくご》を重ねた。

いわば、僕《ぼく》の人生の大半はマンガ家になるための準備《じゅんび》期間だった。「備《そな》えあれば憂《うれ》いなし」「段取《だんど》り八分」という視点《してん》から見れば、知らず知らずのうちに十二分な支度《したく》を整えていたと言えるのかもしれない。

連載《れんさい》マンガを描《か》くということの難《むずか》しさ

『キャプテン翼《つばさ》』の連載《れんさい》が決まったのは20才のときだ。連載《れんさい》をつかみ取るにあたって、若《わか》いなりにこだわった部分がいくつかある。

絵のテクニック的《てき》な部分で手をかけたのは、主人公の翼《つばさ》の顔だ。誰《だれ》からも愛《あい》されるような顔になるように、何度も何度も案《あん》を出した。これはマンガ家の大先輩《だいせんぱい》である本宮《もとみや》ひろ志《し》先生の言葉にも影響《えいきょう》を受けている。

あるインタビューで「人気のあるマンガを描《か》く秘訣《ひけつ》はなんですか?」という質問《しつもん》を受けた本宮《もとみや》先生は、「何より大切なのは読者に好感《こうかん》を持たれる主人公の顔を描《か》くこと」と答えていた。そのインタビューを読んだ僕《ぼく》は目からうろこが落ち、多くの人から親しまれるような顔を意識《いしき》して、翼《つばさ》の顔を仕上げた。実際《じっさい》、読み切りのときはりりしく勇《いさ》ましかった翼《つばさ》の顔は、連載《れんさい》にあたって柔《やわ》らかで愛《あい》きょうを感じられるものに変《か》えている。

主人公に関《かん》していえば、体がとてつもなく大きかったり、足が並外《なみはず》れて速かったりと、身体的《しんたいてき》な優位性《ゆういせい》を持つ設定《せってい》にするのは避《さ》けたかった。サッカーはほかのスポーツと比《くら》べて体格《たいかく》の差《さ》がプレーの違《ちが》いに大きく影響《えいきょう》しないと思っていたし、もともと特別《とくべつ》な能力《のうりょく》を持っていると読者もなかなか共感《きょうかん》してくれないのでは、という気持ちもあった。

だから、翼《つばさ》の身長はそれほど高くない。読み切りの時点で「翼太郎《つばさたろう》」という名前にしたのも、普通《ふつう》の少年を主役に据《す》えたいという思いがあった気がする。「太郎《たろう》」といえば、昔から伝《つた》わる一般的《いっぱんてき》な男の子の名前というイメージがあった。小学生のころの僕《ぼく》のように、どこにでもいるような

男の子が大きな夢《ゆめ》に向かっていく。翼《つばさ》やほかの登場人物に自分を重ねて、マンガを読んだ子どもたちが彼《かれ》らと同じように好《す》きなことに打ち込《こ》んでいく。僕《ぼく》は『キャプテン翼《つばさ》』をそんな作品にしたかった。

マンガ家としての僕《ぼく》は、連載《れんさい》が決まった喜《よろこ》びにいつまでもひたっているわけにはいかなかった。『キャプテン翼《つばさ》』を成功《せいこう》させるためには、毎週毎週、質《しつ》の高いストーリーを描《か》き続《つづ》けなければならない。決定から2カ月後には第1話目が掲載《けいさい》される予定になっていた。

特《とく》に連載《れんさい》の第1回目はプレッシャーがあった。31ページのオールカラーという最高《さいこう》の舞台《ぶたい》が用意され、子どものころからずっと読んできた『週刊少年《しゅうかんしょうねん》ジャンプ』の巻頭《かんとう》を飾《かざ》る。夢《ゆめ》にまで見た最高《さいこう》の状況《じょうきょう》だけれど、だからこそ肩《かた》に力が入った。

下描《したが》きのネームはすでにできている。集英社《しゅうえいしゃ》という出版社《しゅっぱんしゃ》の中で最《もっと》も評価基準《ひょうかきじゅん》が高いと言われている「週刊少年《しゅうかんしょうねん》ジャンプ連載会議《れんさいかいぎ》」を通ったのだから、自信《じしん》を持っていい。1年間の準備《じゅんび》期間中に自分の画力が上がった手応《てごた》えもあったし、あまりおじけづく必要《ひつよう》なんてなかった。それはわかっていた。でも、さすがに連載《れんさい》デビューという生まれて初《はじ》めての場面に、僕《ぼく》は重圧《じゅうあつ》を感じた。

駆《か》け出しのマンガ家である僕《ぼく》にアシスタントはいなく、ペン入れから背景描写《はいけいびょうしゃ》、色塗《いろぬ》りに至《いた》るまでたった一人で黙々《もくもく》とこなすしかない。静岡県《しずおかけん》の南葛市《なんかつし》にある南葛《なんかつ》小学校に転入してきたばかりの大空翼《おおぞらつばさ》が、丘《おか》の上からライバルの若林源三《わかばやしげんぞう》の家にボールを蹴《け》り込《こ》む1話目は、無我夢中《むがむちゅう》で描《か》き上げた。

毎日3時間くらいしか寝《ね》ていない。起きている間はずっとたった一人で原稿《げんこう》に向かっていた。31ページすべてにペンを入れ、色も塗《ぬ》ってようやく仕上げたときは、達成感《たっせいかん》と同時に「なんとか締《し》め切りに間に合った」という安ど感で少し肩《かた》の荷が下りた。

読者アンケートの恐怖《きょうふ》

『週刊少年《しゅうかんしょうねん》ジャンプ』の編集部《へんしゅうぶ》は、伝統的《でんとうてき》に読者アンケートを評価《ひょうか》の一つの基準《きじゅん》にしている。雑誌《ざっし》の中に「愛読者《あいどくしゃ》アンケート」というハガキがついていて、その号でおもしろかった作品を3つ答えてもらう。編集部《へんしゅうぶ》に寄《よ》せられたハガキを集め、毎週、各《かく》マンガに順位《じゅんい》をつけて、人気の動向を探《さぐ》って今後に生かすという方針《ほうしん》だ。

アンケートの種類《しゅるい》には2つある。発売直後に届《とど》いた先着200通を手作業で集計して出す「速報《そくほう》」と、ランダムで選《えら》んだ1000通で金曜日に結果《けっか》を出す「本ちゃん」と呼《よ》ばれる2種類《しゅるい》だ。鈴木《すずき》さんからは『速報《そくほう》』が割《わり》と重視《じゅうし》される。順位《じゅんい》が2ケタになると危《あぶ》ないから」と言われていた。もちろん、アンケートの結果《けっか》がすべてではないけれど、読者アンケートで10位以下《いいか》が続《つづ》くようだと打ち切りの可能性《かのうせい》が高まるのだという。3週目あたりの評価《ひょうか》が10週で強制終了《きょうせいしゅうりょう》される目安と言われている。

第1話のアンケートは確《たし》か「速報《そくほう》」で7位《い》、「本ちゃん」で9位《い》くらいだったと思う。強烈《きょうれつ》なインパクトを与《あた》えられたわけではないけれど、20才

の若者による連載《れんさい》デビュー作の初回としては決して悪い順位《じゅんい》ではない。鈴木《すずき》さんの表情《ひょうじょう》もくもっているようには見えなかった。

ただ、記念《きねん》すべき第1回目が掲載《けいさい》された1981年4月13日号の『週刊少年《しゅうかんしょうねん》ジャンプ』を手にしたとき、僕《ぼく》は危機感《ききかん》を覚《おぼ》えた。ほかの先生と比《くら》べると、明らかにまだまだ絵が下手に見えた。自分自身が一人の読者として、読者目線でこの作品を読んだとき、「これは〝10週打ち切り〟もあり得《え》るな」と感じ、とても不安《ふあん》になった。巻頭《かんとう》を飾《かざ》った「大空へはばたけ！の巻《まき》」は正直なところ、自分としては順調《じゅんちょう》なスタートにはとても思えなかった。

その不安《ふあん》は2週目も3週目も続《つづ》いた。年上のアシスタントの方たちに手伝《てつだ》ってもらって制作時間《せいさくじかん》は短縮《たんしゅく》した。それでも、翼《つばさ》が走るバスの下を通して若林《わかばやし》に蹴《け》り返す2話目の「バスにむかって撃《う》て！の巻《まき》」も、若林《わかばやし》のチームの2軍《ぐん》の選手《せんしゅ》を全員ドリブルで抜《ぬ》き去り、翼《つばさ》が若林《わかばやし》から得点《とくてん》を決める3話目の「とんだっ！の巻《まき》」も、僕《ぼく》の記憶《きおく》では、アンケートの順位《じゅんい》はそれほど高くなかった。3話目の「本ちゃん」は12位《い》だったと思う。〝10週打ち切り〟の危険信号《きけんしんごう》がともった。「人気が出るかどうかは3週程度《ていど》のアンケートを見ればわかる」と考えている編集者《へんしゅうしゃ》がほとんどと聞いていたし、僕《ぼく》は頭のどこかで「終わるかもしれないな」という考えを抱《いだ》いていた。

もちろん、終わらせるつもりなんてこれっぽっちもなかった。ようやくプロのマンガ家というスタートラインに立ったばかりなのだ。ここであきらめたら、マンガ家をめざしてがんばってきたこれまでの自分に申《もう》し訳《わけ》が立たない。

目前でチャンスを手放す悔《くや》しさは、高校時代の軟式《なんしき》野球部で十分すぎ

るほど味わった。レギュラーの同級生がけがをして試合《しあい》に出る機会《きかい》が訪《おとず》れたのに、僕《ぼく》は緊張《きんちょう》のあまり試合前《しあいまえ》の練習のノックでエラーを重ねて、スタメンでプレーする好機《こうき》を直前でみすみす失《うしな》っている。あんな屈辱《くつじょく》をまた経験《けいけん》するわけにはいかない。僕《ぼく》はようやく手にしたチャンスを逃《のが》すまいと、『キャプテン翼《つばさ》』の可能性《かのうせい》に食らいつくことに決めた。

完成原稿《かんせいげんこう》を捨《す》て、描《か》き直した4話目

〝10週打ち切り〟の可能性《かのうせい》もある。そんな不安《ふあん》を抱《いだ》いた僕《ぼく》は、思いきって開き直ることに決めた。10回で終わるにしても、試合《しあい》を描《か》かなければ後悔《こうかい》するだろう。そう思った。僕《ぼく》が1978年のワールドカップで感じたように、一進一退《いっしんいったい》の攻防《こうぼう》がくり広げられるサッカーの試合《しあい》のおもしろさを読者のみんなに伝《つた》えないで終わるわけにはいかなかった。

当初《とうしょ》の予定どおり3話目までのヤマ場を描《か》き終えた僕《ぼく》は、実を言うと4話目を一度描《か》き直している。もともとは翼《つばさ》が街《まち》をドリブルしながら、いろいろな選手《せんしゅ》と出会うというストーリーだった。ただ、4話目を一度完成《かんせい》させたものの、自分で見直してみると、どうにも迫力《はくりょく》に欠《か》ける。これではおそらく読者を引き込《こ》めない。〝10週打ち切り〟の可能性《かのうせい》がさらに高まってしまう。そう感じた僕《ぼく》は、一度描《か》ききった完成原稿《かんせいげんこう》を自らボツにした。すぐに試合《しあい》に入れるように、もう一つ目を引く場面を設《もう》けることにした。

担当編集者《たんとうへんしゅうしゃ》の鈴木《すずき》さんに描《か》き直ししたいと伝《つた》えると、鈴木《すずき》さんはＯＫしてくれた。スケジュール的《てき》にはぎりぎりだったが、鈴木《すずき》さんは僕《ぼく》の覚悟《かくご》を感じ取ってくれたのだと思う。

どうせなら自分自身も驚《おどろ》くようなプレーを描《か》くことにしよう。そう思った僕《ぼく》は、４話目の「サッカー小僧《こぞう》はものまね上手の巻《まき》」で、小学生の翼《つばさ》にオーバーヘッドキックでシュートを決めさせることにした。オーバーヘッドキックとは、ジャンプしたあとに地面に背《せ》を向けた状態《じょうたい》で空中にあるボールを頭より高い位置《いち》でキックするアクロバティックなプレーだ。僕《ぼく》自身、サッカーの魅力《みりょく》にはまったころに、ブラジルサッカー界の英雄《えいゆう》であり、ネイマールなどもあこがれるペレの特集《とくしゅう》でオーバーヘッドキックを見て、「こんなプロレスみたいな技《わざ》があるのか」と驚《おどろ》かされた覚《おぼ》えがあった。

『キャプテン翼《つばさ》』ではロベルト本郷《ほんごう》という人物が重要《じゅうよう》な役割《やくわり》をになっている。第1話から登場するキャラクターで、ブラジル代表の10番を背負《せお》ったこともある日系《にっけい》ブラジル人だ。わけあって日本を訪《おとず》れており、たまたま見かけた小学生の翼《つばさ》の才能《さいのう》にほれ込《こ》む。

4話目ではまず、そのロベルトがシュートをわざとゴールバーに当てて、跳《は》ね返ってきた浮《う》き球《だま》のボールをオーバーヘッドキックでゴールするシーンを描《か》いた。根っからのサッカー小僧《こぞう》である翼《つばさ》はその離《はな》れ業に胸《むね》を躍《おど》らせる。何度も失敗《しっぱい》を重ねながら、最後《さいご》にはロベルトと同じようにゴールバーから跳《は》ね返ってきたボールをオーバーヘッドキックでシュートを決めてみせる。

4話目は翼《つばさ》のオーバーヘッドキックの場面で締《し》めくくった。宙《ちゅう》を舞《ま》う

翼《つばさ》の右足インステップがしっかりとボールをとらえ、直後、ゴールネットが揺《ゆ》れると、ロベルトが両手を広げて「ビバ　つばさァ!!」と自分のことのように喜《よろこ》んでいる。

そのころ、おそらくほとんどの人間が知らなかったオーバーヘッドキックを描《か》いた4話目は大きな反響《はんきょう》を呼《よ》んだ。確《たし》か愛読者《あいどくしゃ》アンケートの「本ちゃん」の順位《じゅんい》が4位《い》だった。その好結果《こうけっか》を受けて、〝10週打ち切り〟の可能性《かのうせい》は消えた。これで、最低《さいてい》でも20週までは続《つづ》けられる。つまり、自分で「これは良《よ》くないな」と思った4話目を一度捨《す》てて、自分も驚《おどろ》いたプレーを盛《も》り込《こ》もうと描《か》き直した判断《はんだん》は間違《まちが》っていなかったのだ。20週までの余裕《よゆう》ができた僕《ぼく》は、次は翼《つばさ》の南葛小《なんかつしょう》と若林《わかばやし》の修哲小《しゅうてつしょう》との対抗戦《たいこうせん》を通して、サッカーのおもしろさを伝《つた》えようと決めた。

1年間の準備《じゅんび》期間を経《へ》てスタートした『キャプテン翼《つばさ》』は、それでも不安《ふあん》まじりの船出だった。ただ、今1話目を読み直してみると、自分が伝《つた》えたいことがきっちりと描《か》かれていることに気づく。1話目には1才の翼《つばさ》が出てくるけれど、サッカーボールとたわむれる息子に向かって父親は「まったくあいつはサッカーボールさえあればきげんがいいんだからな」と感心する。小学生になり、常《つね》にボールを離《はな》さない翼《つばさ》に対して、母親は「まるでサッカーをやるためだけに生まれたきた子ね　あの子は!」とうれしそうに言う。

先に、僕《ぼく》は主人公を「どこにでもいるような男の子」にしたかったと言ったけれど、ただ一つ、「サッカーが心の底《そこ》から大好《だいす》きだ」という個性《こせい》だけは引き立たせたかった。実際《じっさい》、ロベルトに「サッカー好《す》きか」と聞かれ

たとき、翼《つばさ》は考える間もなく「なにいってんだよ　あたりまえだよ」と即答《そくとう》している。

コミック化された第1巻《かん》の最後《さいご》には、2通のファンレターが掲載《けいさい》されている。高校1年生の小岩《こいわ》さんは「理屈《りくつ》がはいりこむすき間がなく、純粋《じゅんすい》にサッカーを愛《あい》している。翼《つばさ》クンたちの姿《すがた》には、共感《きょうかん》をおぼえるというのか、否定《ひてい》できない魅力《みりょく》にあふれていると思います」と書いてくれた。中学2年生の柴山《しばやま》くんは読み切りの『キャプテン翼《つばさ》』から注目してくれていたそうで、「ついに『キャプテン翼《つばさ》』が新連載《しんれんさい》としてスタートしましたね。ぼくはこの日を、待ち遠しい気持ちでずっといたので、もう、うれしくてたまりません」と伝《つた》えてくれた。

サッカーというスポーツを通して、夢《ゆめ》を抱《いだ》き、好《す》きなことにとことん打ち込《こ》む大切さを描《か》く――まだ始《はじ》まったばかりだけれど、僕《ぼく》が『キャプテン翼《つばさ》』を通じて伝《つた》えたい思いがしっかりと届《とど》いているという感触《かんしょく》は文句《もんく》なしに心地良《ここちよ》かった。

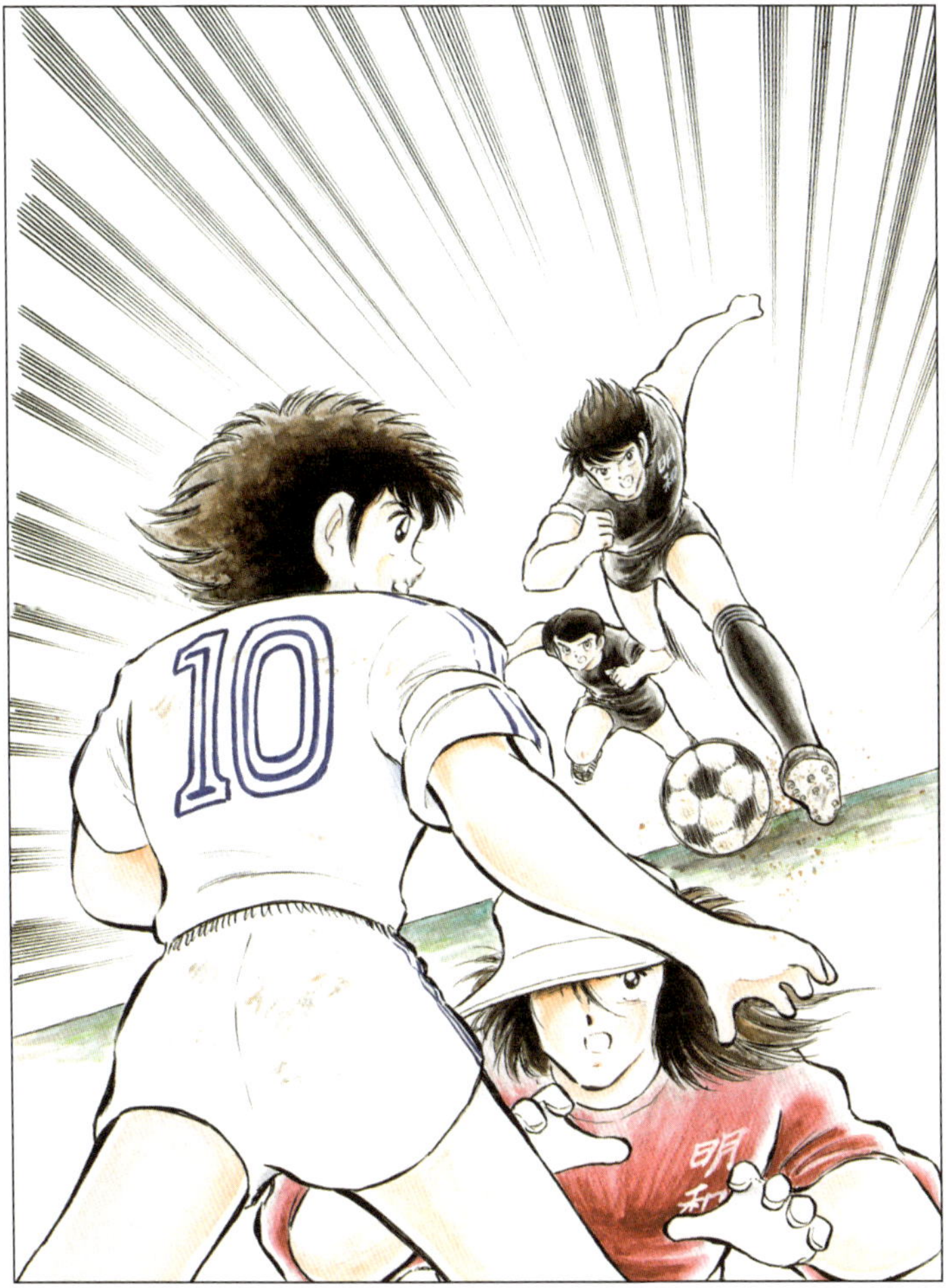
10
明和

武蔵

第7章

作品を彩《いろど》る個性的《こせいてき》なキャラクターたちの登場

ライバル・ゴールキーパー若林源三《わかばやしげんぞう》のスーパープレーと、主人公の大空翼《おおぞらつばさ》が丘《おか》の上からサッカーボールを蹴《け》り込《こ》む1話目。翼《つばさ》が道路の向こう側《がわ》の若林《わかばやし》を目がけて、走るバスの下を通してボールを蹴《け》り返す2話目。若林《わかばやし》が所属《しょぞく》する修哲《しゅうてつ》小学校サッカー部の2軍選手《ぐんせんしゅ》を次々とドリブルで抜《ぬ》き去って若林《わかばやし》からゴールを奪《うば》う3話目。1年をかけて練ったアイデアだ

つたにもかかわらず、『キャプテン翼《つばさ》』の連載《れんさい》の滑《すべ》り出しは、残念《ざんねん》ながら読者アンケートの順位《じゅんい》で判断《はんだん》するならば、決して好《こう》スタートとは言えないものだった。正直なところ、ひやひやするような幕開《まくあ》けだった。

ただ、完成原稿《かんせいげんこう》を捨《す》てて描《か》き直した4話目で道が開けた。空中に飛《と》び上がって、頭を下にした体勢《たいせい》でシュートを打つ翼《つばさ》のオーバーヘッドキックで、多くの読者の心をつかむことができた。〝10週打ち切り〟の心配がなくなり、少なくとも20週は続《つづ》けられることが決まると、僕《ぼく》は次に描《か》く予定の試合《しあい》と『キャプテン翼《つばさ》』という物語自体をさらに盛《も》り上げるための準備《じゅんび》に取りかかった。

具体的《ぐたいてき》にいえば、ストーリーの中心にいる大空翼《おおぞらつばさ》と若林源三《わかばやしげんぞう》以外《いがい》のキャラクターを次々と登場させることにした。

静岡県南葛市《しずおかけんなんかつし》においてサッカーの名門と言われる修哲小《しゅうてつしょう》では、4人の主力選手《せんしゅ》を引き立たせている。大柄《おおがら》なディフェンダー高杉真吾《たかすぎしんご》、背番号《せばんごう》10を背負《せお》うチャンスメーカー井沢守《いざわまもる》、足が速くサイドからのパスでゴールを演出《えんしゅつ》する滝一《たきはじめ》、得点力《とくてんりょく》の高いストライカー来生哲兵《きすぎてっぺい》といった面々だ。

一方、翼《つばさ》が転入した南葛小《なんかつしょう》では、読み切りのときから登場している丸刈《まるが》りが印象的《いんしょうてき》な石崎了《いしざきりょう》に加《くわ》え、翼《つばさ》から少し遅《おく》れて、主人公の翼《つばさ》と同じくらいサッカーの才能《さいのう》にあふれた岬太郎《みさきたろう》を転入させることにした。

サッカーは1チーム11人で行うスポーツだ。ベンチには交代メンバーもいる。1試合《しあい》の中では最低《さいてい》でも合計22人の選手《せんしゅ》がグラウンドに立つわけで、それぞれの個性《こせい》が立っていたほうが試合《しあい》が盛《も》り上がるのは間違《まちが》いない。さまざまなキャラクターが登場したほうがライバルの様子や友情《ゆうじょう》

関係《かんけい》も幅広《はばひろ》く描《えが》けるし、『キャプテン翼《つばさ》』という初《はつ》の連載《れんさい》マンガを長く続《つづ》けられる。

僕《ぼく》の頭の片隅《かたすみ》には、子どものころに夢中《むちゅう》になった野球マンガ『ドカベン』のイメージがあった。高校野球を舞台《ぶたい》にした『ドカベン』には個性豊《こせいゆた》かなキャラクターが続々《ぞくぞく》と現《あらわ》れ、それぞれの性格《せいかく》やプレースタイルが際立《きわだ》つおかげで、僕《ぼく》はどんどん引き込《こ》まれた。思い起こせば、僕《ぼく》が最初《さいしょ》にサッカーに取りつかれた１９７８年のワールドカップにも独自《どくじ》の魅力《みりょく》を持つ選手《せんしゅ》がたくさん出ていて、選手《せんしゅ》それぞれの多様性《たようせい》が生み出すプレーこそがサッカーのおもしろさだと感じていた。

僕《ぼく》は現実《げんじつ》の世界のように、多くのサッカー少年がゴールキーパー以外《いがい》は足でボールを扱《あつか》うというシンプルなスポーツを心から楽しみ、勝っても負けても成長《せいちょう》していく姿《すがた》を描《か》きたかった。思う存分《ぞんぶん》に楽しむ気持ちこそが、好《す》きなことを続《つづ》ける大きな原動力になると思っていたからだ。

僕《ぼく》が高校卒業《そつぎょう》後にアシスタントとして経験《けいけん》を積《つ》ませてもらった平松伸二《ひらまつしんじ》先生は、のちに『そして僕《ぼく》は外道《げどう》マンになる』という自伝的《じでんてき》マンガで、僕《ぼく》の作品を見て「新しい漫画《まんが》の到来《とうらい》を感じずにいられなかった」と記している。「ボールはともだち」――『キャプテン翼《つばさ》』に出てくるこの言葉に、『週刊少年《しゅうかんしょうねん》ジャンプ』の三大テーマであり、スポーツマンガには不可欠《ふかけつ》な「友情《ゆうじょう》・努力《どりょく》・勝利《しょうり》」を超《こ》える視点《してん》を感じたからだという。

僕《ぼく》にとっては最大級《さいだいきゅう》の賛辞《さんじ》だ。確《たし》かに僕《ぼく》は当時のスポーツにつきものだった、受《う》け身的《みてき》な「努力《どりょく》」や「根性《こんじょう》」という精神論《せいしんろん》からは少し距離《きょり》を置《お》きたいと思っていた。そうではなく、チームメートであろうとライバルであろうと、「サッカーを楽しむ」という軸《じく》を据《す》えて、登場人物たちをいきいきと表現《ひょうげん》したいという気持ちがあったのだ。

ライバルたちの存在《そんざい》が翼《つばさ》を成長《せいちょう》させていく

幸いなことに、『キャプテン翼《つばさ》』の骨格《こっかく》はすぐにでき上がった。最初《さいしょ》に手がけた南葛小《なんかつしょう》と修哲小《しゅうてつしょう》の対抗戦《たいこうせん》に、以降《いこう》40年近く続《つづ》くシリーズものの本質《ほんしつ》が詰《つ》め込《こ》まれている。

お互《たが》いすぐに才能《さいのう》を認《みと》め合い、ともに「負けたくない」という気持ちを高ぶらせた翼《つばさ》と若林《わかばやし》。2人がすぐにライバルになる一方、南葛小《なんかつしょう》と修哲小《しゅうてつしょう》にはもともと大きな力の差《さ》があった。翼《つばさ》が転入してくる前は、南葛小《なんかつしょう》は修哲小《しゅうてつしょう》に0－30という信《しん》じられないほどの得点差《とくてんさ》での大敗《たいはい》を強いられている。若林《わかばやし》は5年生のときにはもう全国大会優勝《ゆうしょう》を経験《けいけん》していて、修哲小《しゅうてつしょう》は押《お》しも押《お》されもせぬ強豪《きょうごう》クラブという設定《せってい》だ。

一方の南葛小《なんかつしょう》は、いわば弱小チームにすぎない。それでも、抜群《ばつぐん》のサッカーセンスを持つ翼《つばさ》の加入《かにゅう》と、元ブラジル代表のロベルトの監督就任《かんとくしゅうにん》をきっかけに意識《いしき》が変《か》わる。南葛小《なんかつしょう》と修哲小《しゅうてつしょう》の間ではさまざまなスポーツクラブが試合《しあい》を行う対抗戦《たいこうせん》が年に一度行われ、その一戦《いっせん》を前に南葛小《なんかつしょう》の選手《せんしゅ》たちは全国王者である修哲小《しゅうてつしょう》にひるまずに立ち向かう決意を固《かた》める。

弱者が勇気《ゆうき》を持って強者に挑《いど》む。これは僕《ぼく》が高校卒業《そつぎょう》直前に初《はじ》めて『週刊少年《しゅうかんしょうねん》ジャンプ』の「月例新人賞《げつれいしんじんしょう》」で佳作《かさく》を取った『友情《ゆうじょう》のイレブン』というサッカーマンガで扱《あつか》ったテーマでもある。前にも話したとおり、子どものころの僕《ぼく》は父親と同じく、〝巨人派《きょじんは》〟ではなかった。絶対的《ぜったいてき》な力を誇《ほこ》る無敵《むてき》の巨人《きょじん》より、強者に立ち向かう勇気《ゆうき》を持つチームを応援《おうえん》した

くなる性格《せいかく》なのだ。強い人間やチームが勝利《しょうり》するのは当然《とうぜん》といえば当然《とうぜん》の話で、マンガ家の視点《してん》から見てもストーリーは盛《も》り上げにくい。

　そもそも、予想に反して弱者が強者を倒《たお》す意外性《いがいせい》は古来から人の関心《かんしん》を集めてきたようだ。旧約聖書《きゅうやくせいしょ》にはゴリアテとダヴィデのエピソードが記されている。屈強《くっきょう》な巨人《きょじん》兵士《へいし》のゴリアテを、羊飼《ひつじか》いのダヴィデという少年が投石器《とうせきき》から放った石で倒《たお》すという話だ。西洋では弱者が強者を倒《たお》す際《さい》に、よくこの2人の戦《たたか》いが例《れい》に出されるという。サッカーの世界も例外《れいがい》ではなく、地方のクラブがビッグクラブの足をすくった際《さい》などには、ニュースの記事にゴリアテとダヴィデという言葉が引用されることが多い。

　1年前、修哲小《しゅうてつしょう》に30点を決められた南葛小《なんかつしょう》は言うなれば少年ダヴィデだ。誰《だれ》もが勝ち目はほとんどないと思っているけれど、ダヴィデと同じく当の本人たちは可能性《かのうせい》があると信《しん》じている。前にも話したとおり、『キャプテン翼《つばさ》』の連載《れんさい》が始まった当初《とうしょ》、サッカー日本代表はまだ一度もワールドカップに出場していない。ワールドカップという存在《そんざい》を知っているのはほんの一部のサッカーファンだけ。世界のひのき舞台《ぶたい》など夢《ゆめ》のまた夢《ゆめ》といった時代にあって、小学生の翼《つばさ》はワールドカップ優勝《ゆうしょう》という大きな目標《もくひょう》を掲《かか》げている。

対抗戦《たいこうせん》で強豪《きょうごう》の修哲小《しゅうてつしょう》に挑《いど》む小粒《こつぶ》な南葛小《なんかつしょう》には、当時の日本サッカー、そしてサッカーキッズたちへ期待を込《こ》めた部分もあったと思う。翼《つばさ》や若林《わかばやし》たちが実際《じっさい》に躍動《やくどう》するアニメやマンガを通して楽しんでほしいから、まだ『キャプテン翼《つばさ》』を読んでいない読者のために、対抗戦《たいこうせん》の試合内容《しあいないよう》や結果《けっか》についてこの本で話すのは避《さ》けたい。いずれにせよ、最初《さいしょ》の対抗戦《たいこうせん》にのぞむ翼《つばさ》や南葛小《なんかつしょう》の心がまえこそが『キャプテン翼《つばさ》』の大きなモチーフになっ

ていることは間違《まちが》いないと言える。
モチーフという意味では、翼《つばさ》と若林《わかばやし》の対立に始まり、最初《さいしょ》の対抗戦《たいこうせん》で描《えが》かれる南葛小《なんかつしょう》と修哲小《しゅうてつしょう》など、『キャプテン翼《つばさ》』には多くのライバル関係《かんけい》が描《えが》かれる点についても触《ふ》れたい。白熱《はくねつ》した対抗戦《たいこうせん》のあとには日向小次郎《ひゅうがこじろう》というメインキャラクターが登場する。かつて日向《ひゅうが》と同じ明和《めいわ》ＦＣでプレーした岬《みさき》の言葉を借《か》りれば「翼《つばさ》くんが柔《じゅう》のストライカーなら小次郎《こじろう》は剛《ごう》のストライカー」だ。たくみなテクニックとアイデアに富《と》んだプレーを個性《こせい》とする翼《つばさ》に対し、日向《ひゅうが》は強引なドリブルや強烈《きょうれつ》なシュートを持ち味とする。２人はお互《たが》いの存在《そんざい》をすぐに意識《いしき》せざるを得《え》ない。小学生時代に始まった翼《つばさ》と日向《ひゅうが》のライバル関係《かんけい》は、その後も続《つづ》いていく。
ストライカーの日向《ひゅうが》は翼《つばさ》にとっての強敵《きょうてき》にとどまらない。ゴールキーパーの若林《わかばやし》の前にも立ちふさがる。そもそも、若林《わかばやし》と日向《ひゅうが》は家庭環境《かていかんきょう》からして対照的《たいしょうてき》だ。裕福《ゆうふく》な家庭に生まれ、豪邸《ごうてい》に住む若林《わかばやし》に対し、日向《ひゅうが》の家は貧《まず》しく、大家族の家計を助けるために小学生ながらアルバイトに汗《あせ》を流している。子どもながら個人的《こじんてき》にゴールキーパーコーチから学んでいる若林《わかばやし》と、家計を支《ささ》えるためにチーム練習にはなかなか参加《さんか》できない日向《ひゅうが》。育った環境《かんきょう》がまるで違《ちが》う2人も、ライバル意識《いしき》をむき出しにぶつかりあっていく。

翼《つばさ》と若林《わかばやし》、翼《つばさ》と日向《ひゅうが》、若林《わかばやし》と日向《ひゅうが》の対決に代表されるように、僕《ぼく》が多くのライバル関係《かんけい》を『キャプテン翼《つばさ》』で生み出していったのにはそれなりの理由がある。

簡単《かんたん》にいえば、ライバルとは「絶対《ぜったい》に負けたくない」と思わせる存在《そんざい》だ。

勝利《しょうり》や結果《けっか》を手にするためには必《かなら》ず乗り越《こ》えるべき壁《かべ》と言ってもいい。南葛小《なんかつしょう》と修哲小《しゅうてつしょう》による最初《さいしょ》の対抗戦《たいこうせん》でも「絶対《ぜったい》に負《ま》けたくない」少年たちの姿《すがた》を描《か》いたけれど、僕《ぼく》は目の前に乗り越《こ》えるべき壁《かべ》があり、それを越《こ》えようとする強い気持ちと行動こそが成長《せいちょう》につながると考えている。『キャプテン翼《つばさ》』に登場する選手《せんしゅ》たちはもちろん、読者のみんなにも少しずつでも構《かま》わないから前進していってほしいという願《ねが》いを込《こ》めて、ライバル関係《かんけい》を多く扱《あつか》っている。

ライバルからチームメートへ

ただ、ライバルがライバルだけで終わらないのがサッカーのおもしろさだ。たとえば、日本代表のメンバーについて話すとわかりやすい。普段《ふだん》は別々のクラブでリーグ優勝《ゆうしょう》をめざして激《はげ》しくぶつかっている選手《せんしゅ》たちが、日本代表に選《えら》ばれればチームメートになる。ライバル意識《いしき》を持ちながらも、今度は同じ方向に向かって戦《たたか》わなければならない。そこに生じる新たな〝化学反応《かがくはんのう》〟がサッカーの魅力《みりょく》をさらに強める。

ライバルであろうと、チームメートであろうと、目的《もくてき》が勝つことに変《か》わりはない。ユニフォームの色が違《ちが》っていても、めざすのは勝利《しょうり》であり、同じ気持ちで戦《たたか》っていると言っていい。敵《てき》でありながら、同志《どうし》でもある

関係《かんけい》だ。プロクラブや代表チームの試合《しあい》が終わったあと、お互《たが》いの選手《せんしゅ》同士《どうし》が健闘《けんとう》をたたえ合うシーンを見ることが少なくないけれど、ライバルに一定の敬意《けいい》を払《はら》うのは、勝利《しょうり》を手にするという同じ志《こころざし》を持ち、その目的達成《もくてきたっせい》のために日々《ひび》奮闘《ふんとう》していることを知っているからだと思う。

ライバルでありながら、同じ志《こころざし》を持つ相手を認《みと》め合うシーンは、南葛小《なんかつしょう》と修哲小《しゅうてつしょう》の対抗戦《たいこうせん》にも感じられる。私立《しりつ》の修哲小《しゅうてつしょう》には大きなグラウンドがあり、観客席《かんきゃくせき》は満席《まんせき》。南葛小《なんかつしょう》の監督《かんとく》を務《つと》める元ブラジル代表のロベルト本郷《ほんごう》が、「見てる人が多ければそれだけやりがいがあるじゃないか」「翼《つばさ》！　ワールドカップの観客《かんきゃく》はこんなもんじゃないぞ」と奮《ふる》い立たせてから始まった試合《しあい》は、翼《つばさ》の存在《そんざい》もあり敗戦濃厚《はいせんのうこう》と考えられていた南葛小《なんかつしょう》が善戦《ぜんせん》する。

試合《しあい》は一進一退《いっしんいったい》の攻防《こうぼう》が続《つづ》く。勝利《しょうり》がどちらに転がっても不思議《ふしぎ》ではない展開《てんかい》だ。つまり、自分たちが負けてもおかしくはない状況《じょうきょう》なのに、時間が進むにつれて、翼《つばさ》も若林《わかばやし》も笑顔《えがお》が増《ふ》えてくる。勝利《しょうり》という同じ目的を持っている相手と戦《たたか》っている状況《じょうきょう》が楽しくて仕方がないといった様子だ。僕《ぼく》自身も描《か》いていて胸《むね》がわくわくした。

これまでは「月例新人賞《げつれいしんじんしょう》」に向けた31ページという限《かぎ》られた範囲《はんい》でしか描《か》けなかったのが、4話目のオーバーヘッドが決め手になって〝10週打ち切り〟の壁《かべ》をクリアした僕《ぼく》は、重圧《じゅうあつ》を感じずにのびのびと、志《こころざし》を同じくする翼《つばさ》や若林《わかばやし》たちのプレーする姿《すがた》を描《えが》くことができた。

ライバルからチームメートへという立場の変化《へんか》という点でいえば、翼《つばさ》と若林《わかばやし》は連載《れんさい》の初期《しょき》の段階《だんかい》から同じチームで勝利《しょうり》を誓《ちか》うことになる。別《べつ》

のクラブに所属《しょぞく》する選手《せんしゅ》が日本代表でプレーするように、対抗戦《たいこうせん》のあとに同じチームに選《えら》ばれる展開《てんかい》にした。

2人が暮《く》らす静岡県南葛市《しずおかけんなんかつし》が全国大会をめざして南葛《なんかつ》SCという選抜《せんばつ》チームを結成《けっせい》し、翼《つばさ》と若林《わかばやし》は攻守《こうしゅ》の要《かなめ》としてプレーする。全国大会で南葛《なんかつ》SCの前に立ちはだかるのは明和《めいわ》FCだ。翼《つばさ》に対して「おれのサッカーはおまえらのあそびのサッカーとはちがうんだ!!」と言い放つ日向《ひゅうが》を前線に据《す》える埼玉県《さいたまけん》のクラブが、南葛《なんかつ》SCの最大《さいだい》のライバルとなる。

小学生、中学生時代はライバルとして火花を散《ち》らした日向《ひゅうが》と翼《つばさ》、そして若林《わかばやし》は、のちにチームメートとして同じゴールをめざす。翼《つばさ》と若林《わかばやし》を敵《てき》にして戦《たたか》ったほかの実力者たちも同じだ。対戦相手《たいせんあいて》としてぶつかり合った選手《せんしゅ》たちが今度は、中学生年代のジュニアユース日本代表、高校生年代のユース日本代表の一員として、ともに日の丸を背負《せお》う。ライバルとして競《きそ》い合うことでお互《たが》いを高め合ってきたからこそ、同じ志《こころざし》を高いレベルで共有《きょうゆう》できる。それぞれの個性《こせい》を生かしてチームワークを発揮《はっき》しながら世界一という夢《ゆめ》に向かう過程《かてい》は、僕自身も描《か》いていてとても楽しかった。

君の人生にもライバルはいるだろうか。翼《つばさ》や若林《わかばやし》、あるいは日向《ひゅうが》のように大きな夢《ゆめ》を持ち、目標《もくひょう》を果《は》たすために努力《どりょく》を重ねている競争相手《きょうそうあいて》は間違《まちが》いなく君の成長《せいちょう》を促《うなが》してくれるはずだ。もちろん、君自身も翼《つばさ》や若林《わかばやし》、あるいは日向《ひゅうが》のように、高い理想をかかげる必要《ひつよう》がある。そして「絶対《ぜったい》に負けたくない」と思わせるライバルの存在《そんざい》をはげみに、ひたむきに好《す》きなことに取り組んでいけば、きっと道は開けると思う。

ちなみに、僕《ぼく》は基本的《きほんてき》には、ほかのマンガ家をライバルと思わないタイプだったけれど、それでも、何人かのマンガ家の方たちは意識《いしき》している。最初《さいしょ》に意識《いしき》したのは、ゆでたまご先生（嶋田隆司《しまだたかし》先生と中井義則《なかいよしのり》先生の合同ペンネーム）だ。二人とは同い年なのだが、彼《かれ》らは18才のときに『キン肉《にく》マン』で『週刊少年《しゅうかんしょうねん》ジャンプ』連載《れんさい》デビューを果《は》たしている。同い年の二人がすでに『週刊少年《しゅうかんしょうねん》ジャンプ』で連載《れんさい》していることに、否《いや》が応《おう》でも刺激《しげき》を受けたし、だからこそ、「自分もできるかもしれない」という気持ちにもなれた。一方で、なかなか連載《れんさい》にたどりつけないときには「なぜ同い年のゆでたまご先生は連載《れんさい》できているのに、自分はダメなんだ」と悔《くや》しい思いもした。そのときに味わった思いは、その後の自分のマンガ家人生にとって、大きな糧《かて》となっていると思う。

それから、『こちら葛飾区亀有公園前派出所《かつしかくかめありこうえんまえはしゅつじょ》』で知られる秋本治《あきもとおさむ》先生も、すごく刺激《しげき》をもらったマンガ家だ。僕《ぼく》が本格的《ほんかくてき》にマンガ家をめざした当時、すでに秋本《あきもと》先生は『週刊少年《しゅうかんしょうねん》ジャンプ』で『こちら葛飾区亀有公園《かつしかくかめありこうえん》前派出所《まえはしゅつじょ》』の連載《れんさい》をスタートしていた。秋本《あきもと》先生は年齢《ねんれい》でいうと8才年上だが、同じ葛飾《かつしか》出身ということもあり、勝手に身近に感じて、「同じ葛飾《かつしか》出身の自分も、がんばればマンガ家になれるかもしれない」という思いをいだいていた。ご存知《ぞんじ》のとおり、『こちら葛飾区亀有公園前派出所《かつしかくかめありこうえんまえはしゅつじょ》』は２０１６年９月に、通巻《つうかん》２００号のコミック発売と同時に連載終了《れんさいしゅうりょう》となった。スケジュールが厳《きび》しい週刊連載《しゅうかんれんさい》にもかかわらず40年間一度も休載《きゅうさい》しなかったという偉業《いぎょう》には、同じマンガ家として心から敬意《けいい》を払《はら》うと同時に、すごい、という以外《いがい》の言葉が出てこない。

2018年3月に発刊《はっかん》された『「少年ジャンプ」黄金《おうごん》のキセキ』という、『週刊少年《しゅうかんしょうねん》ジャンプ』の元編集長《もとへんしゅうちょう》である後藤広喜《ごとうひろき》さんの著書《ちょしょ》によると、『週刊少年《しゅうかんしょうねん》ジャンプ』の長い歴史《れきし》の中でも、新人賞受賞作《しんじんしょうじゅしょうさく》と同タイトルで連載《れんさい》を開始《かいし》し、そのまま長期連載《ちょうきれんさい》になった作品は3本だけしかないという。秋本《あきもと》先生の『こちら葛飾区亀有公園前派出所《かつしかくかめありこうえんまえはしゅつじょ》』と、ゆでたまご先生の『キン肉マン』、そして『キャプテン翼《つばさ》』の3作品だ。偉大《いだい》な2つの作品と肩《かた》を並《なら》べて評価《ひょうか》していただけたことは本当に光栄《こうえい》だと感じている。両先生とは、今もことあるごとにイベント等でご一緒《いっしょ》させていただき、そのたびに新鮮《しんせん》な刺激《しげき》を得《え》させてもらっている。

マンガ家にもリーダーシップは必要《ひつよう》

中学1年生のとき、僕《ぼく》は卓球部《たっきゅうぶ》に入部した。でも、すぐにやめた。新人戦《しんじんせん》だったかどうか、卓球部員《たっきゅうぶいん》として初めて大会に出たときに「物足りないな」と思ったのが大きな理由だった。

1回戦《かいせん》の相手はラリーにならないほど弱く、一方で2回戦《かいせん》の相手はものすごく速くて正確《せいかく》なボールをくり出してくる強敵《きょうてき》だった。僕《ぼく》はあっけなく2回戦《かいせん》で負けた。勝っても負けても、うれしさや悔《くや》しさを共有《きょうゆう》できない部分に物足りなさを感じた面もあったと思う。個人《こじん》スポーツより、みんなで支《ささ》え合い、一人ひとりの個性《こせい》が生かせるチームスポーツのほうが楽しいと思った。だから、卓球部《たっきゅうぶ》はやめて毎日のように荒川《あらかわ》の土手で

友人たちと野球を楽しむ生活を送っていた。
『キャプテン翼《つばさ》』を描《か》くうえでも、もちろんチームプレーのおもしろさ、そしてさまざまなチームが必死《ひっし》に競《きそ》い合う魅力《みりょく》を伝《つた》えるよう意識《いしき》してきた。今話してきたライバル関係《かんけい》やライバルからチームメートへという展開《てんかい》も、チームスポーツの悲喜《ひき》こもごもを引き立てる要素《ようそ》になっていると思う。

チームといえば、マンガ家という職業《しょくぎょう》も無関係《むかんけい》ではない。結局《けっきょく》のところ、マンガは一人でまとめ上げることはほぼ不可能《ふかのう》なのだ。まず、マンガ家には頭の切れる編集者《へんしゅうしゃ》という存在《そんざい》が不可欠《ふかけつ》と言っていい。僕《ぼく》にとっては、最初《さいしょ》に力を認《みと》めてくれた鈴木晴彦《すずきはるひこ》さんがそうだ。
マンガ家と編集者《へんしゅうしゃ》は二人三脚《ににんさんきゃく》で作品を生み出すような関係《かんけい》にある。僕《ぼく》のデビュー前の話を照《て》らし合わせてみればわかるとおり、キャラクターや作品のストーリー展開《てんかい》などについては、編集者《へんしゅうしゃ》がいろいろとアドバイスしてくれることが多い。鈴木《すずき》さんは後輩《こうはい》の編集者《へんしゅうしゃ》が「マンガ家の脳《のう》みそを直接触《ちょくせつさわ》り、素材《そざい》として何を持っているかを感じて、その最高《さいこう》の部分を引き出すことがマンガ編集者《へんしゅうしゃ》の仕事だ」と話すのを聞いて、なるほどと思ったことがあるという。実際《じっさい》、編集者《へんしゅうしゃ》がマンガ家の可能性《かのうせい》を最大限《さいだいげん》に生かしてくれる場面は少なくない。担当編集者《たんとうへんしゅうしゃ》はマンガ家にとって最初《さいしょ》の読者でもあるから、僕は下描《したが》きのネームの段階《だんかい》で鈴木《すずき》さんに指摘《してき》された点はできるだけ考え直すような意識《いしき》を持つようにしていた。

それから、マンガ家にとってはアシスタントもありがたい存在《そんざい》だ。『キャプテン翼《つばさ》』の1話目を描《か》いたとき、僕《ぼく》は一人での限界《げんかい》を感じた。31ペ

ージをオールカラーで仕上げるのに、毎日3時間くらいしか寝《ね》られず、起きている間はずっと原稿《げんこう》と向き合っていた。何度も意識《いしき》が遠のきそうになりながら、「これは人の手を借《か》りないと無理《むり》だ」と痛感《つうかん》し、2話目からはアシスタントに協力《きょうりょく》してもらうことにした。マンガ家の先輩《せんぱい》である平松《ひらまつ》さんのアシスタント時代の先輩《せんぱい》も手伝《てつだ》ってくれた。

連載当初《れんさいとうしょ》は、僕《ぼく》もまだ20才と若《わか》く、年上のアシスタントの方のほうが多かった。どういう口調で指示《しじ》を出せばいいのか、あるいは背景《はいけい》やベタ塗《ぬ》りに関《かん》してはどこからＮＧを出して描《か》き直してもらえばいいのかなど、計りかねる部分もあった。会社の社長と同じようなもので、マンガ家には人に気持ちよく動いてもらう能力《のうりょく》が必要《ひつよう》だなと感じた。リーダーシップについて若《わか》いうちに実感できたのは大きな意味があったと思っている。

正直に言うと、アシスタントとどういう距離感《きょりかん》でつき合えばいいのか、ある程度慣《ていどな》れるまでに多少の時間はかかった。それでも、お互《たが》いにプロ同士の関係《かんけい》にあると考えるようになると、仕事がよりスムーズにできるようになっていった。まずは相手の能力《のうりょく》を認《みと》める。すると、お互《たが》いに信頼《しんらい》関係《かんけい》ができる。お互《たが》いを尊重《そんちょう》し合えば、コミュニケーションがうまく成《な》り立ち、チームワークは強固《きょうこ》になるのだと思う。僕《ぼく》はこれまでのマンガ家人生の中で、締《し》め切りを守らなかった経験《けいけん》は一度もない。これはアシスタントのみんなに助けられた部分も大きかったと思う。

僕《ぼく》が最初《さいしょ》に苦戦《くせん》したリーダーシップについては、自分で言うのもなんだけれど、『キャプテン翼《つばさ》』という作品には参考《さんこう》になる要素《ようそ》が多いと思っている。この作品には翼《つばさ》や若林《わかばやし》や日向《ひゅうが》、そして心臓《しんぞう》に病をかかえる三杉《みすぎ》

淳《じゅん》や北海道《ほっかいどう》で努力《どりょく》を続《つづ》ける松山光《まつやまひかる》など、個性豊《こせいゆた》かなキャプテンが次々と登場してくる。いかにチームメートの心を動かすか、リーダーとしての手法《しゅほう》はそれぞれだ。プレーで示《しめ》すタイプもいれば、きつい言葉でたきつけるタイプのキャプテンもいる。どれが正しくてどれが間違《まちが》っているという話ではなく、さまざまなリーダーがいていいと思う。『キャプテン翼《つばさ》』を通じて君が理想的《りそうてき》なリーダーのあり方についても何か考えてくれるのなら、それはそれで作者の僕《ぼく》もうれしい。

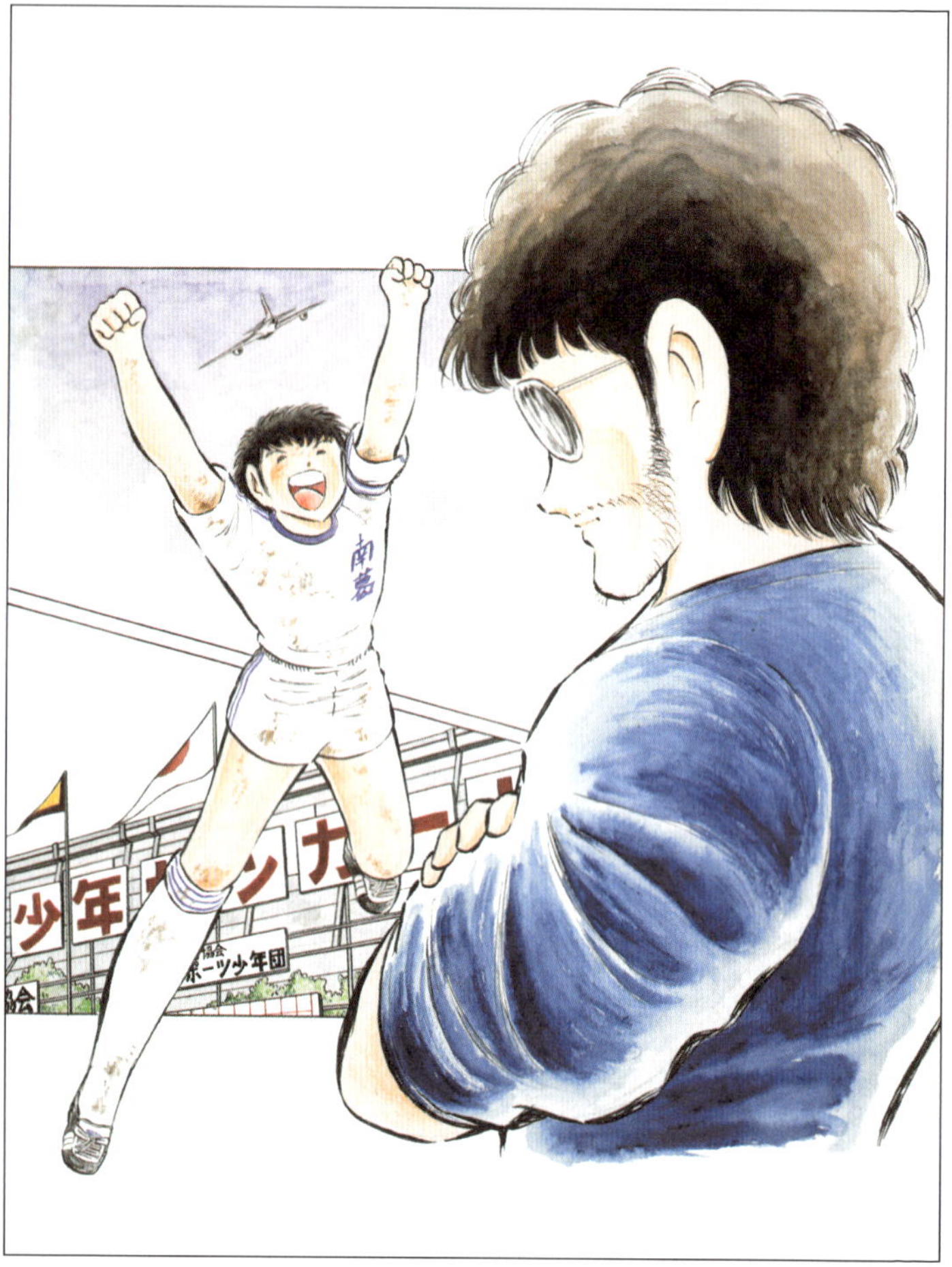
南葛
少年
協会
ポーツ少年団

第8章

コミックスの第1巻《かん》に感動

『キャプテン翼《つばさ》』の連載《れんさい》スタートから、すぐに取りかかった大空翼《おおぞらつばさ》の南葛《なんかつ》小学校と若林源三《わかばやしげんぞう》の修哲《しゅうてつ》小学校の対抗戦《たいこうせん》。この対抗戦《たいこうせん》を描《か》き終えたあと、僕《ぼく》は少しだけ燃《も》え尽《つ》きたような感覚《かんかく》があった。

11話となった「初対決《はったいけつ》！の巻《まき》」が掲載《けいさい》された『週刊少年《しゅうかんしょうねん》ジャンプ』の1981年6月22日号では、初《はじ》めて雑誌《ざっし》の表紙を単独《たんどく》で飾《かざ》ることができ

た。マンガ家という夢《ゆめ》がかなった実感が強まって、「これからどうすればいいんだろう？」という気持ちになった。先が見えないような気がしたのだ。前《まえ》に、南葛小《なんかつしょう》と修哲小《しゅうてつしょう》の対抗戦《たいこうせん》には以降《いこう》40年近く続《つづ》くシリーズもののの本質《ほんしつ》が詰《つ》め込《こ》まれていると話したけれど、それだけのストーリーを熱《ねっ》を込《こ》めて全力を出しきって描《か》き上げたあとだけに、抜《ぬ》け殻《がら》のような気分を味わわざるを得《え》なかった。

ただ、そんなどんよりとした気持ちも長くは続《つづ》かなかった。そもそも、ワールドカップ優勝《ゆうしょう》という翼《つばさ》の見果《みは》てぬ夢《ゆめ》はまだ始まったばかりなのだ。僕《ぼく》自身もマンガ家になることではなく、翼《つばさ》をはじめとする少年たちが夢《ゆめ》を追う過程《かてい》を描《えが》くことを目的《もくてき》にしている。だから、ずっと描《か》き続《つづ》けようというエネルギーがすぐに湧《わ》いてきた。

対抗戦《たいこうせん》のあとのプランもすでにでき上がっていた。翼《つばさ》と若林《わかばやし》が、南葛《なんかつ》市《し》の選抜《せんばつ》チームである南葛《なんかつ》ＳＣのチームメートとして全国少年サッカー大会に出場する。47都道府県《とどうふけん》の代表チームが出場する舞台《ぶたい》では、個性的《こせいてき》な人物をたくさん登場させられる。サッカーを通していくつものライバル関係《かんけい》や友情《ゆうじょう》を描《えが》くのは楽しみだった。

記念《きねん》すべきコミックスの第1巻《かん》が刷《す》り上がったのも力になった。当時は連載《れんさい》が1年続《つづ》くとコミックスにまとめられるという流れだった。プロのマンガ家としての1年間が凝縮《ぎょうしゅく》された第1巻《かん》が形になったときは、もしかすると、連載《れんさい》デビューが決まったときよりも感動したかもしれない。コミックスになることで、『週刊少年《しゅうかんしょうねん》ジャンプ』の読者以外《いがい》にも『キャプテン翼《つばさ》』の魅力《みりょく》が伝《つた》わるのではという期待感もあった。小学6年生の、ま

だあどけない表情《ひょうじょう》の翼《つばさ》がサッカーボールとともに跳《は》ね上がっている絵が表紙を飾《かざ》る第1巻《かん》には、今でも強い思い入れがある。

連載《れんさい》スタート直後の抜《ぬ》け殻《がら》のような状態《じょうたい》から学んだのは、好《す》きなことだから無我夢中《むがむちゅう》になるのは決して悪くはないけれど、必要以上《ひつよういじょう》に肩《かた》に力を入れすぎたり、根《こん》を詰《つ》めすぎたりするのはやめようということだった。好《す》きなことだからといって、自分を無理《むり》にその方向に向かわせていると、いつかは限界《げんかい》が来てしまうと感じた。

そんなことを考えているときに、マンガ家のみやたけし先生からかけてもらった言葉が参考《さんこう》になった。『週刊少年《しゅうかんしょうねん》ジャンプ』で僕《ぼく》より少し先にサッカーマンガの『GO☆シュート』の連載《れんさい》を始めていたみや先生は「そんなに悩《なや》まないで、ネームは3時間くらいで仕上げるよ」と言っていた。

しかも「4日で仕事を終わらせて3日は遊んでいる」と続《つづ》け、趣味《しゅみ》のサーフィンや野球も楽しんでいるという。適度《てきど》に気晴らしすることでマンガにより集中することができるというみや先生の考えには深く賛同《さんどう》できた。

それから僕《ぼく》も「4日で仕事を終わらせて3日は遊ぶ」という肩《かた》の力を抜《ぬ》いたスケジュールを意識《いしき》して実行した。デビュー前に数えきれないほどのネームを描《か》いたからだろうか、もともと僕《ぼく》は手が早いほうで、週4日くらいで1話を仕上げる流れがしっくりきた。

気晴らしという意味では、子どものころから楽しんできた野球が僕《ぼく》のマンガ家生活を潤《うるお》してくれた。地元の友だちだけでなく、ほかのマンガ家の方と白球を追《お》う時間はとても充実《じゅうじつ》していた。マンガ家チームが集まる野球大会があって、『ドカベン』の水島新司《みずしましんじ》先生や『あしたのジョー』のちばてつや先生と野球を楽しんだこともあった。本宮《もとみや》ひろ志《し》先生や、『ア

ストロ球団《きゅうだん》』の遠崎史朗《とおざきしろう》先生(原作)、中島徳博《なかじまのりひろ》先生(作画)、『よろしくメカドック』の次原隆二《つぎはらりゅうじ》先生、ゆでたまご先生といった同じ『週刊少年《しゅうかんしょうねん》ジャンプ』の連載陣《れんさいじん》とも趣味《しゅみ》の野球を通して交流することができた。特《とく》にマンガの話をするわけではなかったけれど、マンガの世界の先陣《せんじん》を切る先輩《せんぱい》やマンガを愛《あい》する同志《どうし》と一緒《いっしょ》にすごす時間は気分転換《てんかん》にとどまらず、何よりのはげみになった。

当時はまだ認知度《にんちど》の低《ひく》いスポーツだったサッカー

南葛小《なんかつしょう》と修哲小《しゅうてつしょう》の対抗戦《たいこうせん》のあとに描《か》いた全国少年サッカー大会は大き

な反響《はんきょう》を呼《よ》んだ。サッカーのおもしろさを多くの人に伝《つた》えるにあたっては、僕《ぼく》なりに工夫《くふう》をこらしたつもりだ。

僕《ぼく》は自分が1978年のワールドカップで味わったサッカーの魅力《みりょく》を届《とど》けたいと思って『キャプテン翼《つばさ》』を描《か》き始めた。最大《さいだい》のハードルは、サッカーが日本ではまだ認知度《にんちど》が低《ひく》いスポーツだったことだ。ルールを理解《りかい》している人すら少ない。キックの種類《しゅるい》にしても、プレーの名前にしても知っている人は少ないという前提《ぜんてい》があった。

基本的《きほんてき》な部分がわからなければ、読者もなかなか引き込《こ》まれないだろう。そう思った僕《ぼく》は、試合《しあい》に実況者《じっきょうしゃ》と解説者《かいせつしゃ》をつけることにした。南葛小《なんかつしょう》と修哲小《しゅうてつしょう》の対抗戦《たいこうせん》でも試《ため》しているけれど、全国少年サッカー大会という大舞台《おおぶたい》であれば、より自然《しぜん》な形で実況者《じっきょうしゃ》と解説者《かいせつしゃ》を登場させられる。

実況者《じっきょうしゃ》と解説者《かいせつしゃ》の言葉を借《か》りて、ルールやプレーの流れを説明《せつめい》し、よりわかりやすいつくりを意識《いしき》した。野球マンガから発想を得《え》た部分もあったと思う。

よりわかりやすく伝《つた》えるという意味では、最初《さいしょ》に全国少年サッカー大会から主要《しゅよう》人物としてストーリーを盛《も》り上げる三杉淳《みすぎじゅん》という選手《せんしゅ》にも一役《ひとやく》買ってもらった。南葛《なんかつ》ＳＣの監督《かんとく》の言葉を借《か》りれば、三杉《みすぎ》は「今少年サッカー界で一番将来《しょうらい》を期待されているプレーヤー」だ。１０００人の中から選《えら》ばれたエリート集団《しゅうだん》、東京代表の武蔵《むさし》ＦＣのキャプテンを務《つと》めている。心臓《しんぞう》に病をかかえているハンディを負《お》いながらも、抜群《ばつぐん》の技術《ぎじゅつ》と戦術理解力《せんじゅつりかいりょく》、そしてリーダーシップを武器《ぶき》に翼《つばさ》たちの前に立ちはだかる。

武蔵《むさし》ＦＣとの試合中《しあいちゅう》、岬太郎《みさきたろう》からのロングパスを翼《つばさ》が難《なん》なく決める。けれど、主審《しゅしん》はノーゴールの判定《はんてい》を下す。そのシーンを見たロベルトは「ま…まさか小学生の試合《しあい》で信《しん》じられない！　武蔵《むさし》はオフサイド・トラップをマスターしている!!」と目を丸くする。一方の三杉《みすぎ》は「これでこれからの翼《つばさ》くんの攻撃《こうげき》は完全《かんぜん》にとめられるぞ」と自分たちの作戦《さくせん》に確《たし》かな手ごたえを感じている。小学生ながら、三杉《みすぎ》はプロ顔負けの頭脳《ずのう》プレーで南葛《なんかつ》の攻撃《こうげき》を無力化《むりょくか》していく。

オフサイドは待ちぶせ禁止《きんし》のようなルールだ。ゴール前に誰《だれ》かが常《つね》に陣取《じんど》っていれば得点《とくてん》の可能性《かのうせい》が高まるけれど、それだと攻撃《こうげき》の流れがロングボールが多い単純《たんじゅん》なものになる。見るほうも退屈《たいくつ》になる展開《てんかい》になってしまうため、オフサイドというルールが設《もう》けられている。簡単《かんたん》にいえ

ば、ある選手《せんしゅ》がボールを受けようとしたとき、自分とゴールラインの間に相手選手《せんしゅ》が一人しかいない場合はオフサイドのファウルと判定《はんてい》される。と、文章で読んでもわかりにくいと思う。実際《じっさい》、オフサイドはサッカーの中でも理解《りかい》しにくいルールの一つだ。同時にサッカーの試合《しあい》ではよく目にする場面でもある。

『キャプテン翼《つばさ》』を描《か》き続《つづ》けるには避《さ》けては通れないオフサイドというシーンをわかりやすく伝《つた》えるためにも、三杉《みすぎ》の武蔵《むさし》ＦＣはオフサイド・トラップを活用するという設定《せってい》にした。南葛《なんかつ》ＳＣの翼《つばさ》などが前線でボールを受けようとする際《さい》、武蔵《むさし》ＦＣはディフェンスの選手《せんしゅ》を含《ふく》め全体が前へ前へと押《お》し上げる。そして南葛《なんかつ》ＳＣの選手《せんしゅ》が「自分とゴールラインの間に相手選手《せんしゅ》が一人しかいない」状況《じょうきょう》を自分たちでつくり出し、オフサイドにしてしまう。僕《ぼく》は読者のみんなにきちんと理解《りかい》してもらうため、マンガのなかではどうなるとオフサイドの判定《はんてい》が下されるか図解《ずかい》も入れた。

南葛《なんかつ》ＳＣと武蔵《むさし》ＦＣを描《か》いている最中《さいちゅう》から、ファンレターの中に「三杉《みすぎ》くんのおかげでオフサイドのルールが初《はじ》めて理解《りかい》できました」といった内容のコメントが増《ふ》えてきた。これはうれしかった。複雑《ふくざつ》なルールだけれど、オフサイドもオフサイド・トラップもサッカーのゴール前の攻防《こうぼう》を盛《も》り上げる要素《ようそ》であることは間違《まちが》いない。僕《ぼく》が『キャプテン翼《つばさ》』を描《か》き始めた理由の一つは、地球規模《きぼ》で愛《あい》されているサッカーの魅力《みりょく》を伝《つた》えることだ。「オフサイドのルールが初《はじ》めて理解《りかい》できました」という多くの反応《はんのう》は、自分のやろうとしていることが実現《じつげん》しているという手ごたえを感じさせてくれた。

自分にしか描《か》けないマンガを描《か》こう

全国少年サッカー大会は、僕《ぼく》も描《か》いていて本当に楽しかった。マンガ家になれて、連載《れんさい》でじっくりストーリーを展開《てんかい》していく醍醐味《だいごみ》を存分《ぞんぶん》に味わった。作者の僕《ぼく》が楽しんでいるからか、『キャプテン翼《つばさ》』はどんどん話題を呼《よ》んでいった。連載《れんさい》開始から30話目が掲載《けいさい》された『週刊少年《しゅうかんしょうねん》ジャンプ』の１９８１年11月２日号では２度目の表紙を飾《かざ》ることができた。翼《つばさ》が元気よく左手で勝利《しょうり》のＶサインを掲《かか》げている絵だ。くったくのない笑顔《えがお》ではあるけれど、右手は力強くこぶしを握《にぎ》っている。

『キャプテン翼《つばさ》』の人気はそれぞれのキャラクターに支《ささ》えられた部分

が大きいと思っている。当然《とうぜん》、キャラクターそれぞれの個性《こせい》があるし、それぞれの成長《せいちょう》を追ってきたわけだから、どの登場人物にも愛着《あいちゃく》がある。ただ、客観的《きゃっかんてき》に見ると、全国少年サッカー大会で初《はじ》めて登場した日向《ひゅうが》小次郎《こじろう》の存在《そんざい》が、「自分にしか描《か》けないマンガを描《か》こう」と思って連載《れんさい》までたどり着いた『キャプテン翼《つばさ》』のオリジナリティーをぐっと引き立たせてくれた感じがする。

主人公の翼《つばさ》は特《とく》に小学生のころは無邪気《むじゃき》な性格《せいかく》が目立つ。純粋《じゅんすい》にサッカーが好《す》きという気持ちにあふれていて、表情《ひょうじょう》も柔《やわ》らかい。背《せ》は小さくて、優《やさ》しい心を持っている。石崎了《いしざきりょう》から南葛小《なんかつしょう》と修哲小《しゅうてつしょう》が敵対《てきたい》していて一つしかない町のサッカー場を取り合っていると聞かされると、「そんなことしなくてもゴールはふたつあるんだから仲《なか》よく両方でつかえばいいじゃないか」と笑顔《えがお》で言い返す。それほど穏《おだ》やかな性格《せいかく》なのだ。

一方の日向《ひゅうが》は翼《つばさ》とは正反対の性格《せいかく》だ。意図的《いとてき》に真逆《まぎゃく》のキャラクターをライバルに持ってきた。日向《ひゅうが》は笑顔《えがお》をほとんど見せない。見せるとしても不敵《ふてき》な笑《え》みが印象的《いんしょうてき》で、とにかく勝ち気が強い。負けん気のかたまりのような少年で、後輩《こうはい》だけでなく、同級生も一目置《いちもくお》いて「さん」づけで呼《よ》ぶほどだ。南葛《なんかつ》ＳＣとの試合《しあい》では、パスをつながれていると「いつまでも調子にのってるんじゃねえ!!」と叫《さけ》んで、翼《つばさ》にファウルすれすれの強烈《きょうれつ》なタックルをお見舞《みま》いする。

くり返しになるが、2人を知る岬太郎《みさきたろう》に言わせれば「翼《つばさ》くんが柔《じゅう》のストライカーなら小次郎《こじろう》は剛《ごう》のストライカー」だ。性格《せいかく》もプレースタイルも対照的《たいしょうてき》な2人だけれど、だからこそお互《たが》いの良《よ》さがより明確《めいかく》に浮《う》き上がってくる。今になって考えると、それまでのスポーツマンガの常識《じょうしき》からいえば、強い気持ちを前面に押《お》し出している日向《ひゅうが》を主人公に置《お》くのがいわゆる〝正解《せいかい》〟だったのだと思う。当時のスポーツ界もスポーツマンガも、苦しいときほど強固《きょうこ》な精神力《せいしんりょく》を発揮《はっき》する「根性《こんじょう》」という部分が重視《じゅうし》されていたからだ。でも、僕《ぼく》は「自分にしか描《か》けないマンガを描《か》こう」と考えて、あえてどこにでもいそうな少年を主人公に据《す》えた。もともと身体的《しんたいてき》な強さや特別《とくべつ》な能力《のうりょく》を持っているわけではなく、どこの小学校にもいるような男の子である翼《つばさ》が、好《す》きなことを追い求《もと》めながらワールドカップ優勝《ゆうしょう》という大きな夢《ゆめ》に向かっていく。だからこそ、読者の共感《きょうかん》を得《え》られるのではという思いがあった。

コミック化された第2巻《かん》の最後《さいご》に掲載《けいさい》されたファンレターで、中学3年生の真面《まつら》さんは次のように書いてくれている。

「翼《つばさ》の『サッカーはおれの夢《ゆめ》だ』ということばに、ボクは、とてもとても

かんげきしています」「だれもこの夢《ゆめ》への道をとめることはできません。できるはずがないんです。かれは、サッカーへの夢《ゆめ》を、と中でなげだすような弱音《よわね》は、はかないでしょう」

連載《れんさい》スタートからほどなく、読者からこういった言葉をもらえたのは心底《しんそこ》うれしかった。僕《ぼく》がマンガのテーマに据《す》えた翼《つばさ》の生き方がこれだけ早く伝《つた》わったのは、主役とは正反対だけれど、彼《かれ》なりのやり方で夢《ゆめ》を追う日向《ひゅうが》の存在《そんざい》も大きな助けになった一面もあると感じている。わかりやすい対立構造《こうぞう》でライバル関係《かんけい》に日向《ひゅうが》がいるからこそ、どこにでもいるような男の子である翼《つばさ》が主人公として引き立つ。そして、「根性《こんじょう》」とは無縁《むえん》の無邪気《むじゃき》な主人公がサッカーを心から楽しみながら大きな夢《ゆめ》を追うという意味で、『キャプテン翼《つばさ》』はこれまでにはないマンガとして新鮮《しんせん》に映《うつ》った部分もあったのだと思う。

テレビアニメ化され、世界の舞台《ぶたい》へ

何度か話してきたとおり、僕《ぼく》が『キャプテン翼《つばさ》』の連載《れんさい》を始めた1981年、日本ではまだサッカーはそれほど知名度のあるスポーツではなかった。ただ、今になってみると、世界中で愛《あい》されているスポーツを取り上げた選択《せんたく》は間違《まちが》っていなかったと断言《だんげん》できる。その決断《けつだん》が僕《ぼく》の人生を劇的《げきてき》に変《か》えたのは間違《まちが》いない。

1983年が僕《ぼく》のマンガ家人生の大きな転機《てんき》となった。デビューから3年目のこの年、『キャプテン翼《つばさ》』が初《はじ》めてテレビアニメ化された。マンガ版《ばん》の全国少年サッカー大会が大いに盛《も》り上がっていたし、1982年

にスペインでワールドカップが開催《かいさい》され、日本でも徐々《じょじょ》にサッカーへの注目度が高まりつつあったことも手伝《てつだ》ったと思う。スペイン大会に関《かん》しては、日本ではＮＨＫが約《やく》20試合《しあい》を放送した。

僕《ぼく》自身、『巨人《きょじん》の星』や『あしたのジョー』などはテレビアニメから入ってマンガを読むようになったから、『キャプテン翼《つばさ》』が１９８３年にアニメ化されたときは感慨深《かんがいぶか》かった。実際《じっさい》、『週刊少年《しゅうかんしょうねん》ジャンプ』の読者以外《いがい》にもテレビを通して届《とど》いたことで、『キャプテン翼《つばさ》』はより多くの人に知れ渡《わた》った。『キャプテン翼《つばさ》』のアニメを通じてサッカーの魅力《みりょく》にどっぷりはまった人も多いと聞いている。

テレビアニメ化は確実《かくじつ》に僕《ぼく》の人生を大きく変《か》えた。『キャプテン翼《つばさ》』は国境《こっきょう》を軽々と飛《と》び越《こ》えてみせた。洋の東西を問わず、テレビアニメは子どもたちの楽しみの一つだろう。小学生時代の僕《ぼく》のようにテレビにかじりついている子どもたちはどこの国にもいるはずだ。

サッカーというスポーツは地球規模《きぼ》で愛《あい》されている。その証拠《しょうこ》に、国際《こくさい》サッカー連盟《れんめい》に加入《かにゅう》している国・地域数《ちいきすう》は、世界平和と安全を守ることを目的《もくてき》とする国際連合《こくさいれんごう》への参加国《さんかこく》より多い。国際連合《こくさいれんごう》の加盟国《かめいこく》が２０１７年10月時点で１９３カ国であるのに対し、国際《こくさい》サッカー連盟《れんめい》には２１１ものサッカー協会《きょうかい》が名を連《つら》ねている。だからこそ4年に一度、世界王者を決めるワールドカップは国境《こっきょう》を超《こ》えて驚《おどろ》くほどの盛《も》り上がりを見せる。

ボール一つあれば楽しめるのがサッカーの良《よ》さだ。サッカー王国といわれるブラジルでは、サンダルや大きめの石などで幅《はば》をとってゴールをつくり、ちょっとした路地や空き地で汗《あせ》を流す子どもたちの姿《すがた》をそこか

しこで見ることができる。本物のゴールなどなくてもいいし、チームに11人がそろわなくても、ボールさえあれば夢中《むちゅう》になれる。その気軽さと、両足でボールを扱《あつか》いゴールを決めるというシンプルさから、年齢《ねんれい》も性別《せいべつ》も問わず地球上で愛《あい》されているのだと思う。ストリートサッカーだろうが、ワールドカップの決勝だろうが、ゴールを決める喜《よろこ》びは何ものにも代えがたい。

世界的《せかいてき》に人気が高いサッカーを扱《あつか》っていることもあって、アニメ化された『キャプテン翼《つばさ》』はほどなく国外に輸出《ゆしゅつ》された。海の向こうでは点取り屋の大空翼《おおぞらつばさ》とゴールキーパーの若林源三《わかばやしげんぞう》の2人にフォーカスを当てたストーリーとして認識《にんしき》されていることが多い。スペインでは『オリベルとベンジ』、イタリアでは『ホーリーとベンジー』、フランスでは『オリベルとトム』というタイトルとなっていて、「オリベル」や「ホーリー」が翼《つばさ》、「ベンジ」「ベンジー」「トム」が若林《わかばやし》のことを指《さ》す。『キャプテン翼《つばさ》』はアニメだけでなく、各国《かっこく》の言葉に翻訳《ほんやく》されたコミックスも存在《そんざい》する。

ありがたいことに、世界中にこの作品のファンがいる。「『キャプテン翼《つばさ》』に影響《えいきょう》を受けた」「子どものころ『キャプテン翼《つばさ》』が大好《だいす》きだった」と話してくれるプロのサッカー選手《せんしゅ》も少なくない。自分が描《か》いたマンガの中のサッカー少年たちの姿《すがた》がスタープレーヤーたちの胸《むね》をおどらせていたなんて、これほど幸せなことはない。マンガ家みょうりに尽《つ》きる。

実際《じっさい》、コンビニエンスストアを中心に販売《はんばい》されるリミックス版《ばん》『キャプテン翼《つばさ》』を出版《しゅっぱん》するとき、多くの名選手《めいせんしゅ》がインタビューに答えて、この作品からの影響《えいきょう》を明かしてくれている。日本国内外を含《ふく》めて約《やく》50人ほどの一流選手《せんしゅ》たちがリミックス版《ばん》発売の記念《きねん》インタビューに応《おう》じてくれたうえ、『キャプテン翼《つばさ》』の魅力《みりょく》を思い思いに語ってくれたのは、作者とし

て本当に感動した。

バルセロナとアルゼンチン代表の主力として活躍《かつやく》するリオネル・メッシは2010年に「『オリベルとベンジ』を初《はじ》めて見たのは、物心つき始めたばかりのころだったから、5才か6才のころだったと思う」と振《ふ》り返り、「オリベルは今でも、最《もっと》も著名《ちょめい》な日本人と言えるんじゃないかな。プロサッカー選手《せんしゅ》を夢《ゆめ》見ていた僕《ぼく》らはみんな、オリベルに憧《あこが》れ、共感《きょうかん》していたんだ」とまで言ってくれている。

オランダ、ロシア、イタリア、メキシコなど海外リーグを渡《わた》り歩き、日本代表でのワールドカップ出場も豊富《ほうふ》な本田圭佑《ほんだけいすけ》選手《せんしゅ》も同じ2010年に「とにかく印象的《いんしょうてき》だったのは、翼《つばさ》くんが『ボールはともだち』と言っていたこと。小学生のころは、その影響《えいきょう》をモロに受けて、ボールと一緒《いっしょ》に寝《ね》ようとしたくらいですからね」とコメント。続《つづ》けて『キャプテン翼《つばさ》』に登場するキャラクターはみんな魅力的《みりょくてき》ですが、あえてベスト5を選《えら》ぶならば、ナンバーワンは日向小次郎《ひゅうがこじろう》ですね。プレーが豪快《ごうかい》で男らしいのがいいです。小さいころは相当、日向《ひゅうが》のプレースタイルに影響《えいきょう》を受けましたよ」と話してくれた。確《たし》かに、本田選手《ほんだせんしゅ》のハートとプレーの強さは日向《ひゅうが》に通じる。

日本代表のキャプテンを長らく務《つと》めてきた長谷部《はせべ》誠選手《まことせんしゅ》は「僕《ぼく》らの世代《せだい》で『キャプテン翼《つばさ》』を見てない人なんていないんじゃないですか？「僕《ぼく》が今さら言うまでもなく、『キャプテン翼《つばさ》』が日本サッカーの発展《はってん》に与《あた》えた影響《えいきょう》は絶大《ぜつだい》ですよね」と語ってくれた。

実際《じっさい》、そういう部分は少なからずあったかもしれない。前にも話したとおり、『キャプテン翼《つばさ》』のマンガの連載《れんさい》が始まった1981年にはまだ

プロサッカーリーグのJリーグは立ち上がっていなかった。Jリーグが実際《じっさい》に開幕《かいまく》するのはそれから10年以上《いじょう》たった1993年のことだ。自分で言うのもなんだけれど、日本サッカー界において『キャプテン翼《つばさ》』が果《は》たせた役割《やくわり》はそれなりのものだったのではないかと思う。

　小学生や中学生、高校生のころの自分に「お前はいずれプロのサッカー選手《せんしゅ》にも影響《えいきょう》を与《あた》えるマンガを描《か》くんだぞ」と言ったら、耳を疑《うたが》うだろう。うそだと思って、笑《わら》い飛《と》ばすかもしれない。ただ、少年時代の僕《ぼく》、あるいは今この本を読んでいる君には、好《す》きなことをずっと続《つづ》けていれば何かしらを得《え》られるということを伝《つた》えたい。僕《ぼく》の場合は世界中で愛《あい》されているサッカーを作品のテーマに選択《せんたく》した決断《けつだん》が大きなキーポイントになった。僕《ぼく》のマンガ家人生が証明《しょうめい》したように、好《す》きなことや夢《ゆめ》に思う存分《ぞんぶん》に向き合っていけば、間違《まちが》いなく君の可能性《かのうせい》と世界は広がっていく。

adidas
10
南葛
S.F.C
S.F.C
S.F.C
南葛

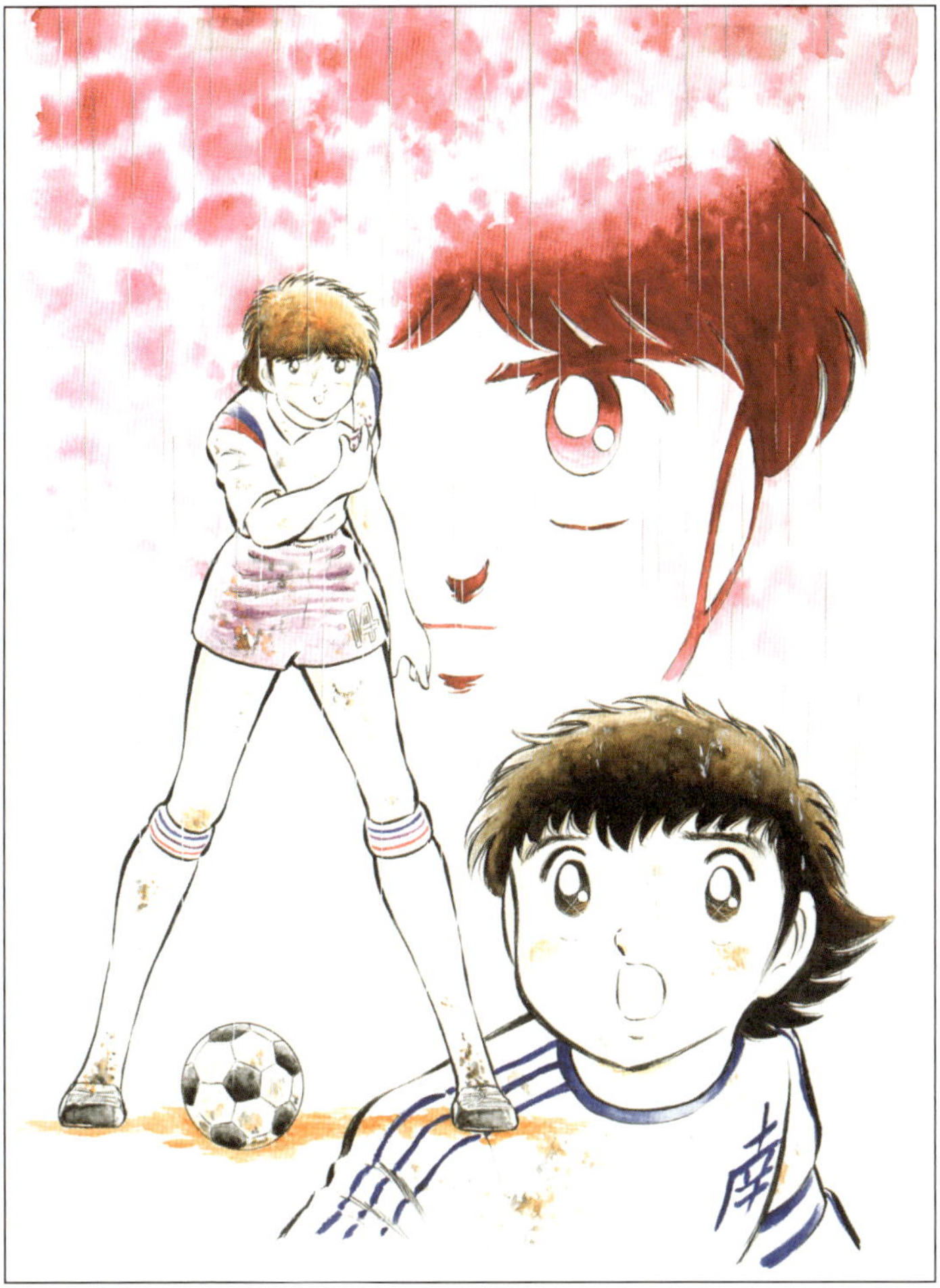

第9章

多くの学びがあった海外取材《しゅざい》

大空翼《おおぞらつばさ》や若林源三《わかばやしげんぞう》、日向小次郎《ひゅうがこじろう》や三杉淳《みすぎじゅん》、岬太郎《みさきたろう》や石崎了《いしざきりょう》といった多くのキャラクターはいつしか僕《ぼく》の手を離《はな》れていった。そんな感覚《かんかく》を味わわざるを得《え》なかった。気づくと、それぞれが勝手に自分の意思で動いているような感覚《かんかく》になっていて、僕《ぼく》の筆も進んだ。

ありがたいことに、20才で連載《れんさい》をスタートさせた1981年から40年

近くにわたって『キャプテン翼《つばさ》』を描《か》き続《つづ》けることができている。最初《さいしょ》のシリーズから、「ワールドユース編《へん》」「ROAD TO 2002」「GOLDEN―23」「海外激闘編《げきとうへん》 IN CALCIO 日いづる国のジョカトーレ」「海外激闘編《げきとうへん》 EN LA LIGA」「ライジングサン」と展開《てんかい》を変《か》えて、それぞれの成長《せいちょう》を描《えが》いてきた。

その過程《かてい》の中で、僕《ぼく》は貴重《きちょう》な機会《きかい》に何度も恵《めぐ》まれてきた。まず、デビュー直後にさっそくチャンスをつかむことができたのは「愛読者賞《あいどくしゃしょう》」だ。『週刊少年《しゅうかんしょうねん》ジャンプ』には「愛読者賞《あいどくしゃしょう》」というものがあった。読者アンケートで選《えら》ばれた10人のマンガ家が40ページほどの読み切り作品を描《えが》く。そこで1位《い》に選《えら》ばれると、優《すぐ》れた感想文を書いてきた読者とともに編集部《へんしゅうぶ》から海外旅行がプレゼントされるという企画《きかく》だ。

僕《ぼく》はスキージャンプに真剣《しんけん》に打ち込《こ》む少年を主人公にして描《えが》いた『１００ｍジャンパー』という短編《たんぺん》で、デビュー2年目の１９８２年に「愛読者賞《あいどくしゃしょう》」を受賞《じゅしょう》することができた。『１００ｍジャンパー』は『キャプテン翼《つばさ》』の「これはなにかあるぞ！の巻《まき》」が掲載《けいさい》されている『週刊少年《しゅうかんしょうねん》ジャンプ』の１９８２年3月15日号に収録《しゅうろく》された。

編集部《へんしゅうぶ》から贈《おく》られたのはアメリカ旅行だったけれど、「本場でサッカーの取材《しゅざい》をしたい」とお願《ねが》いしてブラジルにも足を延《の》ばさせてもらった。ロベルト本郷《ほんごう》が元ブラジル代表という設定《せってい》だし、主役の翼《つばさ》もブラジルのサッカーにあこがれている。やはりサッカー王国の空気を肌《はだ》で感じたいという思いが強かった。サンパウロやヴァスコ・ダ・ガマといった名門クラブのスタジアムや練習施設《しせつ》をめぐり、参考《さんこう》のために写真を撮《と》り

まくった。この年、スペインで行われたワールドカップに出場したブラジル代表は優勝候補《ゆうしょうこうほ》の一つに挙《あ》げられており、そうしたサッカー大国の雰囲気《ふんいき》には大きな刺激《しげき》を受けた。

その後も何度か海外取材《しゅざい》に行かせてもらったし、ワールドカップは１９９４年のアメリカ大会以降《いこう》、２０１０年の南アフリカ大会をのぞいてすべて現地《げんち》に足を運び、自分の目で見てきた。どれも印象深《いんしょうぶか》い。

その中でも、デビュー直後の１９８３年に行ったドイツ取材《しゅざい》は『キャプテン翼《つばさ》』を描《か》くうえでも大きなはげみになった。ドイツのブンデスリーガでプレーした初《はつ》の日本人選手《せんしゅ》、奥寺康彦《おくでらやすひこ》さんの試合《しあい》を見るのが目的《もくてき》だった。奥寺《おくでら》さんの次にドイツに渡《わた》ったのが尾崎加寿夫《おざきかずお》さんで、ちょうど奥寺《おくでら》さんが所属《しょぞく》するブレーメンと尾崎《おざき》さんがプレーするアルミニア・ビーレフェルトの両クラブが対戦《たいせん》することを知った僕《ぼく》は、ドイツまで渡《わた》ってその試合《しあい》を見なければという気持ちを抑《おさ》えきれなかった。

正直なところ、ブレーメンなどの練習施設《しせつ》やスタジアムを見て、圧倒《あっとう》された。サッカーに打ち込《こ》める環境《かんきょう》が完璧《かんぺき》と言っていいほど整っている。試合《しあい》では観客席《かんきゃくせき》がほぼ埋《う》め尽《つ》くされていた。同じころ、日本では枯《か》れ果《は》てた芝《しば》であっても、芝《しば》のグラウンドで試合《しあい》ができれば上々で、スタジアムは空席《くうせき》のほうが多いといった状況《じょうきょう》だった。「日本がワールドカップに出場《しゅつじょう》するには相当時間がかかりそうだ」と痛感《つうかん》したことを覚《おぼ》えている。

それでも、ドイツという海外のトップリーグで日本人対決が行われた。特《とく》に奥寺《おくでら》さんは加入《かにゅう》したばかりのケルンというクラブで1977―1978シーズンにリーグ戦とカップ戦の2冠達成《かんたっせい》に大きく貢献《こうけん》するなど、存在感《そんざいかん》を発揮《はっき》していた。いわゆるサッカー後進国の選手《せんしゅ》ながら

強豪国《きょうごうこく》の選手《せんしゅ》たちと互角《ごかく》に渡《わた》り合う奥寺《おくでら》さんは、いわば〝日本サッカーの光〟だった。奥寺《おくでら》さんの奮闘《ふんとう》を目の当たりにして、環境《かんきょう》の違《ちが》いに面食らった一方、「ワールドカップ優勝《ゆうしょう》をめざす」という『キャプテン翼《つばさ》』のテーマが決してまったくの夢《ゆめ》物語ではないことを感じられた経験《けいけん》はかけがえのないものになった。デビューから3年ほどでブラジルとドイツで取材《しゅざい》できた僕《ぼく》は、ペンを入れる手にさらに熱《ねつ》がこもった。2つのサッカー強豪国《きょうごうこく》の雰囲気《ふんいき》を体感したことで、『キャプテン翼《つばさ》』をしっかり紡《つむ》いでいこうという意欲《いよく》があらためて強まった。

また、このドイツ取材《しゅざい》は、『キャプテン翼《つばさ》』という作品だけでなく、僕《ぼく》個人《こじん》にとっても、とても大きな意味を持つものだった。当時、『キャプテン翼《つばさ》』が『週刊少年《しゅうかんしょうねん》ジャンプ』でも人気となり、アニメ化もされて人気が爆発したことで、自分自身でもある程度の成功を収めることはできたという自覚《じかく》はあった。だが、世界で戦《たたか》う奥寺《おくでら》さんたちを見ていると、まだ自分は日本国内で成功《せいこう》しただけだという思いになった。マンガという文化では、日本が世界一だと思っていただけに、日本の次は世界だという思いもあったのだろう。奥寺《おくでら》さんはドイツで街《まち》を歩いていても、ファンやサポーターに声をかけられる。正直、かっこよかったし、うらやましくも感じた。自分も世界で知られるマンガ家になりたい、という思いを抱《いだ》くようになったのは、このときからだと思う。

通巻《つうかん》１００巻達成《かんたっせい》も、まだ道半ば

若《わか》い僕《ぼく》が情熱《じょうねつ》を注ぎ込《こ》んだ『キャプテン翼《つばさ》』は、小学生と中学生時代を描《えが》いた最初《さいしょ》のシリーズで１９８８年にいったん終了《しゅうりょう》している。ただ、Ｊリーグが開幕《かいまく》した１９９３年に「ワールドユース特別編《とくべつへん》 最強《さいきょう》の敵《てき》！ オランダユース」という短期連載《れんさい》の形で復活《ふっかつ》させ、その後、前にも話したように「ワールドユース編《へん》」「ＲＯＡＤ ＴＯ ２００２」「ＧＯＬＤＥＮ－２３」「海外激闘編《げきとうへん》 ＩＮ ＣＡＬＣＩＯ 日いづる国のジョカトーレ」「海外激闘編《げきとうへん》 ＥＮ ＬＡ ＬＩＧＡ」「ライジングサン」とシリーズを重ねてきた。

20才のとき、期待と不安《ふあん》を交差《こうさ》させながら始めた連載初回《れんさいしょかい》から36年後、

2017年6月2日に発売された『キャプテン翼《つばさ》　ライジングサン』第6巻《かん》で通巻《つうかん》100巻《かん》に達した。もちろん、100という数字にはそれなりに感慨深《かんがいぶか》いものがあった。

「ずいぶん長く描《か》いてきたな」という実感がある一方で、まだ道半ばにすぎないという気持ちもある。今手がけている『キャプテン翼《つばさ》』の「ライジングサン」シリーズの中で、20才を過《す》ぎた翼《つばさ》はスペインのプロサッカーリーグ「リーガ・エスパニョーラ」の名門バルセロナでプレーしている。現実《げんじつ》ではリオネル・メッシやルイス・スアレス、フェリペ・コウチーニョ、ジェラール・ピケといったスター選手《せんしゅ》が所属《しょぞく》する世界屈指《せかいくっし》のクラブだ。バルセロナは2000年以降《いこう》、4度のヨーロッパ王者に輝《かがや》いている押《お》しも押《お》されもせぬ強豪《きょうごう》クラブだし、翼《つばさ》のステップアップはサッカー選手《せんしゅ》としては間違《まちが》いなく成功《せいこう》と言っていい部類《ぶるい》だろう。

２０１８年現在《げんざい》、僕《ぼく》は「ライジングサン」シリーズで現在進行形《げんざいしんこうけい》で翼《つばさ》たちの奮闘《ふんとう》を描《えが》いている。翼《つばさ》は決して現状《げんじょう》に満足《まんぞく》してはいない。子どものころに抱《いだ》いた大きな目標《もくひょう》をまだかなえていないからだ。バルセロナへの加入《かにゅう》も「世界一のサッカー選手《せんしゅ》になる」、そして「日本をワールドカップで優勝《ゆうしょう》させる」という夢《ゆめ》の途中《とちゅう》にすぎない。

夢《ゆめ》を追う道半ばにいるのは翼《つばさ》だけではない。たとえば、翼《つばさ》が師匠《ししょう》と慕《した》うロベルト本郷《ほんごう》も同じだろう。小学6年生の翼《つばさ》に一目惚《ひとめぼ》れしたロベルトは、「あいつを一流のサッカー選手《せんしゅ》として世界にはばたかせること——それがおれのこれからの唯一《ゆいいつ》の生きがいになるでしょう」とつぶやき、自分は病気のせいであきらめざるを得《え》なかったサッカーへの思いを託《たく》している。翼《つばさ》がバルセロナに加入《かにゅう》した事実は「一流の世界サッカー選手《せんしゅ》」として認《みと》められた証《あかし》かもしれない。それでも、常《つね》に向上心を失《うしな》わない翼《つばさ》の性格《せいかく》をよく知っているロベルトが、その移籍《いせき》をゴールだと考えているはずがない。

若林源三《わかばやしげんぞう》も日向小次郎《ひゅうがこじろう》も、石崎了《いしざきりょう》も岬太郎《みさきたろう》も、三杉淳《みすぎじゅん》も松山光《まつやまひかる》も、今の自分に慢心《まんしん》していない。視線《しせん》は常《つね》に上へ上へと向けている。翼《つばさ》たちの夢《ゆめ》の実現《じつげん》を描《えが》くことは、生みの親である僕《ぼく》自身の夢《ゆめ》でもあり、一種《いっしゅ》の使命でもあると感じている。

『キャプテン翼《つばさ》』が生んだバルセロナとの縁《えん》

通巻《つうかん》100巻《かん》を超《こ》える中で、当然《とうぜん》、登場人物たちもずいぶん成長《せいちょう》し

てきた。すでに述《の》べたとおり、主人公の翼《つばさ》は「ＲＯＡＤ ＴＯ ２００２」以降《いこう》、スペインの名門クラブ、バルセロナでプレーしている。バルセロナはクラブとして、マンガの中とはいえ翼《つばさ》が彼《かれ》らのチームに加入《かにゅう》したことを大歓迎《だいかんげい》してくれた。一方、バルセロナのライバルであるレアル・マドリードの会長からは「なぜ翼《つばさ》をうちのチームに入れてくれなかったんだ」という抗議《こうぎ》のコメントが届《とど》いた。我《われ》ながら、自分の作品が大きな存在《そんざい》になっていることに驚《おどろ》かざるを得《え》なかった。

僕《ぼく》が最初《さいしょ》に「翼《つばさ》をバルセロナに入れたい」と思ったのは１９９８年のことだ。その年、フランスでワールドカップが行われ、僕《ぼく》はフランスとの国境《こっきょう》にそれほど遠くないスペインのバルセロナの街《まち》を拠点《きょてん》に試合《しあい》を取材《しゅざい》していた。そしてバルセロナの街《まち》全体に漂《ただよ》うサッカーの雰囲気《ふんいき》に引き込《こ》まれた。カンプ・ノウという名のバルセロナのホームスタジアムも魅力的《みりょくてき》だった。以降《いこう》、何度か訪《おとず》れているけれど、10万人近くを収容《しゅうよう》するすり鉢状《ばちじょう》のサッカー専用《せんよう》スタジアムが埋《う》め尽《つ》くされ、一つひとつのプレーに歓声《かんせい》が湧《わ》き上がる光景《こうけい》は壮観《そうかん》だ。選手《せんしゅ》としても監督《かんとく》としてもこのクラブにかかわり、今のバルセロナの基礎《きそ》を築《きず》いたヨハン・クライフの言葉にも感動した。このオランダ人の英雄《えいゆう》が語ったという「美しく勝利《しょうり》せよ」という哲学《てつがく》もマンガの世界にしっくりくると感じたのだ。サッカーを心から愛《あい》する翼《つばさ》がプレーするなら、このクラブ、このスタジアムだという確信《かくしん》めいたものがあった。

　翼《つばさ》をバルセロナに加入《かにゅう》させた僕《ぼく》は２０１５年、日本で行われたクラブワールドカップへの参加《さんか》を祝福《しゅくふく》して、メッシ、ネイマール、イニエスタ、スアレス、ピケの５人のイラストを手がけると、やはりバルセロナは感激《かんげき》してくれた。メッシに関《かん》しては、リミックス版《ばん》『キャプテン翼《つばさ》』を

出版《しゅっぱん》する際《さい》にインタビューに応《おう》じてくれ、スペイン語版《ばん》では「オリベル」と呼《よ》ばれる翼《つばさ》の加入《かにゅう》を手放しで喜《よろこ》んでくれた。バルセロナの背番号《せばんごう》10は「子どものころから僕《ぼく》のアイドルだったオリベルが、現在《げんざい》はバルセロナに所属《しょぞく》してるんだと聞いて、なおさら盛《も》り上がっているよ。自分もいつの日かオリベルのようになりたい、そう思って毎日ボールを蹴《け》っていた」と話してくれている。

２０１６年にはバルセロナから正式に招待《しょうたい》を受け、彼《かれ》らのホームスタジアムのカンプ・ノウで試合《しあい》を観戦《かんせん》する機会《きかい》に恵《めぐ》まれている。背中《せなか》に僕《ぼく》の苗字《みょうじ》である「ＴＡＫＡＨＡＳＨＩ」という文字がプリントされたユニフォームもプレゼントしてもらった。「ＴＳＵＢＡＳＡ」のネーム入りで、足せば10番になる「28」という、翼《つばさ》が作中でつけている背番号《せばんごう》入りのユニフォームもつくってくれた。

『キャプテン翼《つばさ》』の恩恵《おんけい》を一番受けているのは僕《ぼく》かもしれない。幸せなことに、翼《つばさ》たちの生みの親ということで、世界中の多くのプロサッカー選手《せんしゅ》に会うことができた。しかも、子どものころに『キャプテン翼《つばさ》』のアニメに夢中《むちゅう》になっていたせいか、僕《ぼく》が作者だと知ると、みんな驚《おどろ》くほど喜《よろこ》んでくれる。翼《つばさ》たちの一生懸命《いっしょうけんめい》な姿《すがた》が世界中のサッカー少年の気持ちを奮《ふる》い立たせ、プロ選手《せんしゅ》へと成長《せいちょう》するためのエネルギーとなっていた——そう考えると、サッカーの力、マンガの力、翼《つばさ》たちが示《しめ》す夢《ゆめ》を追う人間の力の強さを実感せざるを得《え》ない。

最近《さいきん》では2018年1月にスペインを訪《おとず》れた際《さい》、当時はバルセロナでプレーしていた世界屈指《くっし》のチャンスメーカー、イニエスタと顔を合わせる幸運に恵《めぐ》まれた。翼《つばさ》と岬太郎《みさきたろう》の額縁《がくぶち》入りの原画をプレゼントすると、

イニエスタは満面《まんめん》の笑《え》みを浮《う》かべながら、「今日はクリスマスかい？　信《しん》じられない！」と喜《よろこ》んでくれた。ご存知《ぞんじ》のとおり、イニエスタは２０１８年夏から、Ｊリーグのヴィッセル神戸《こうべ》でプレーすることになった。毎年のように、バルセロナのカンプ・ノウ・スタジアムで見ていた彼《かれ》のプレーを、まさか日本で見られることになるとは思っていなかった。イニエスタがプレーすることで、Ｊリーグのレベルがより一層《いっそう》上がることを期待したい。

あきらめないで前に進むという姿勢《しせい》

40年近くも同じマンガを描《か》き続《つづ》け、たくさんのプロサッカー選手《せんしゅ》に会うことができた。彼《かれ》らの多くが包《つつ》み隠《かく》さずに『キャプテン翼《つばさ》』に感化されたと明かしてくれる。2018年の4月には再《ふたた》びアニメ版《ばん》がスタートした。

『キャプテン翼《つばさ》』をライフワークにできていることは僕《ぼく》にとっては幸運以外《いがい》の何ものでもない。そう断言《だんげん》できる。プロサッカー選手《せんしゅ》たちに知らず知らずのうちに影響《えいきょう》を与《あた》えたうえ、これだけ長い間続《つづ》けているという事実を知って、君はマンガ家として大成功《だいせいこう》を収《おさ》め続《つづ》けてきたと思うかもしれない。

でも、実際《じっさい》は違《ちが》う。すでに話したとおり、まず19才でプロデビューを果《は》たす前に、下描《したが》きのネームの段階《だんかい》で何度もボツをくらっている。つまり、世に出ることのなかった作品がいくつもあるのだ。『キャプテン翼《つばさ》』が連載《れんさい》に至《いた》る前にも、構想《こうそう》の段階《だんかい》で『週刊少年《しゅうかんしょうねん》ジャンプ』の編集長《へんしゅうちょう》や副《ふく》編集長《へんしゅうちょう》からくり返しダメ出しを受けている。

デビューしてからも、１９８８年に『キャプテン翼《つばさ》』の初回《しょかい》シリーズを終えたあと、僕《ぼく》は壁《かべ》にぶち当たった。『キャプテン翼《つばさ》』の次作として、１９８８年に連載《れんさい》をスタートした『翔《しょう》の伝説《でんせつ》』というテニスを題材《だいざい》にしたマンガを皮切りに、１９８９年には野球マンガの『エース！』、１９９２年にはボクシングマンガの『ＣＨＩＢＩ（チビ）』を連載《れんさい》したが、どの作品も長期連載《れんさい》には至《いた》らなかった。それぞれの作品については、ある程度《ていど》、描《か》きたいことは描《か》けたという思いはあって、〝ヒット〟は打てたかな、という感覚《かんかく》はあったけれど、残念《ざんねん》ながら、『キャプテン翼《つばさ》』のような〝ホームラン〟にはならなかった。連載《れんさい》をスタートするときには、当然《とうぜん》、『キャプテン翼《つばさ》』を超《こ》える作品を描《か》こう、と決意してスタートするので、連載《れんさい》が打ち切りになるときにはやはり悔《くや》しさはあった。

それ以上《いじょう》にショックだった打ち切りもある。Ｊリーグの開幕直後《かいまくちょくご》、１９９４年に『週刊少年《しゅうかんしょうねん》ジャンプ』でスタートさせた『キャプテン翼《つばさ》』の「ワールドユース編《へん》」だ。中学卒業後《そつぎょうご》にブラジルに渡《わた》ってプロサッカー選手《せんしゅ》になった翼《つばさ》が日本に帰国し、ユース世代の日本代表キャプテンとして世界一をめざす過程《かてい》を描《えが》こうとした作品だ。イタリアで修行《しゅぎょう》を積《つ》んだ葵新伍《あおいしんご》や「恐怖《きょうふ》のレッドストッパー」と呼《よ》ばれるディフェンダーの赤井止也《あかいとめや》といった新しいキャラクターを登場させ、世界観《せかいかん》を広げようとした。

でも、読者の方からの反応《はんのう》は今一つだった。結果《けっか》、編集部《へんしゅうぶ》から打ち切りが告《つ》げられた。愛着《あいちゃく》のある『キャプテン翼《つばさ》』シリーズの突然《とつぜん》の終わりは、マンガ家人生で最《もっと》も大きな精神的《せいしんてき》ダメージを受けた。正直に言って、どん底《ぞこ》まで落ち込《こ》んだ。

ただ、幸い、僕《ぼく》には翼《つばさ》や日向《ひゅうが》たちと同じように負けん気の強さが備《そな》わっている。壁《かべ》に突《つ》き当たったらもちろんつらい。心が苦しくなる。それでも、そのたびに悔《くや》しさを立ち直るためのエネルギーに変《か》える性格《せいかく》なのだ。

たとえば思いきり高くジャンプするとき、君はどうするだろう？　ひざをぐっと曲げて低《ひく》くかがまないだろうか？　それと同じだ。つらい場面に直面して落ち込《こ》んだり、気持ちが下向きだったりしたときは、次により高い位置《いち》にたどり着くための力をためている状態《じょうたい》だと考えればいい。苦しいから、つらいからといってあきらめたらそこから先はない。もっといえば、本当に好《す》きなことを続《つづ》けたいのなら、少しぐらいの困難《こんなん》は乗《の》り越《こ》えられる。僕《ぼく》はそう信《しん》じている。

今、僕《ぼく》は「本当に好《す》きなことを続《つづ》けたいのなら」と言ったけれど、生きていくうえで何かを続《つづ》ける心の強さはとても大切だ。それは僕《ぼく》自身が身をもって痛感《つうかん》している。原点にあるのは高校時代の軟式《なんしき》野球部の体験《たいけん》だ。練習が厳《きび》しくて同級生が次々とやめる中、僕《ぼく》は3年間、野球を続《つづ》けた。レギュラー争《あらそ》いに負けたり、都大会の3回戦《せん》で敗退《はいたい》したりと、目に見えるような結果《けっか》は残《のこ》せなかった。それでも「あきらめずに続《つづ》けた」からこそ試合《しあい》にも出られたのだし、「あきらめずに続《つづ》けた」という思いは大きな自信《じしん》になった。

マンガ家になろうと決心してからも、実際《じっさい》にマンガ家になってからも、あきらめないで前に進むという姿勢《しせい》はずっと大切にしている。電機《でんき》メーカーのパナソニックという会社を立ち上げた松下幸之助《まつしたこうのすけ》さんの言葉に「失敗《しっぱい》したところでやめるから、失敗《しっぱい》になる。成功《せいこう》するまで続《つづ》けたら、それは成功《せいこう》になる」というものがあるそうだ。僕《ぼく》からすれば、うなずくしかないほど本当に素敵《すてき》な考え方だと思う。

壁《かべ》にぶち当たったり、悔《くや》しい思いをしたり、泣《な》きたくなったりしても、決してあきらめない。めげて立ち止まったりしないで、前を向いて好《す》きなことをとことん続《つづ》けていく。僕《ぼく》が描《か》いてきた『キャプテン翼《つばさ》』には、そういった心の強さを持つ少年たちがたくさん登場している。

南葛
F
14

第10章

『キャプテン翼《つばさ》』に込《こ》めてきた思い

『キャプテン翼《つばさ》』の主人公、大きな夢《ゆめ》を追い続《つづ》ける大空翼《おおぞらつばさ》の背番号《せばんごう》10にちなんで、この第10章で僕《ぼく》の話を終わらせたいと思う。

1981年に連載《れんさい》を始め、全国少年サッカー大会を描《か》いたとき、ライバルである日向小次郎《ひゅうがこじろう》に「みたか！　おれのサッカーはおまえらのあそびのサッカーとはちがうんだ‼」と挑発《ちょうはつ》された翼《つばさ》は、にらみつけるよう

な目で「あそびなんかじゃない」「サッカーはおれの夢《ゆめ》だ!!」と言い放った。そして1988年に最初《さいしょ》のシリーズが終わったとき、僕《ぼく》はコミックスの最終巻《さいしゅうかん》となった37巻《かん》のあとがきで『キャプテン翼《つばさ》』は、サッカーを題材《だいざい》に、夢《ゆめ》を描《えが》いた作品です」と書いている。

僕《ぼく》が『キャプテン翼《つばさ》』を通して描《か》きたかったことはずっと一貫《いっかん》している。最初《さいしょ》のシリーズが終わってからも何一つ変《か》わっていない。「ワールドユース編《へん》」「ROAD TO 2002」「GOLDEN－23」「海外激闘編《げきとうへん》 IN CALCIO 日いづる国のジョカトーレ」「海外激闘編《げきとうへん》 EN LA LIGA」「ライジングサン」と舞台《ぶたい》を変《か》えて、登場人物たちが成長《せいちょう》してきても、『キャプテン翼《つばさ》』に込《こ》めてきた僕《ぼく》の思いはずっと同じだ。

大きな夢《ゆめ》を持つこと。「こうなりたい」「これをやりたい」という思いをかなえるために、自分が好《す》きなことをとことん楽しむこと。結果《けっか》がなかなか出なくても、自分がやろうと決めた物事をひたむきに続《つづ》けること。成長《せいちょう》の速度を速めたいのなら、お互《たが》いの力と取り組み方を認《みと》め合えるライバルと競《きそ》うこと。壁《かべ》に突《つ》き当たったり、八方ふさがりになったり、誰《だれ》かに否定《ひてい》されたりしても、決してあきらめないで前へ前へと進むこと。僕《ぼく》はサッカーという世界中で愛《あい》されるスポーツを軸《じく》に、人生を充実《じゅうじつ》させるための心がまえの大切さを『キャプテン翼《つばさ》』のテーマとして登場人物たちと向き合ってきた。

熱《あつ》いハートを持ち、どん欲《よく》な向上心を隠《かく》さない日向《ひゅうが》は小学生のころ、「自分の道は自分できりひらくものなんだ！」と意欲《いよく》を燃《も》やす。

全国少年サッカー大会のあと、プロになるという翼《つばさ》に刺激《しげき》を受けたゴ

ールキーパーの若林源三《わかばやしげんぞう》は、「おれは西ドイツでプロになれるまで日本には帰ってこないつもりだ」と話し、当時も今も優秀《ゆうしゅう》なゴールキーパーを送り出している西ドイツ、つまり1990年に東ドイツと統一《とういつ》され現在《げんざい》はドイツとなった国に渡《わた》って自分の夢《ゆめ》に挑《いど》む。

翼《つばさ》の良《よ》きパートナーであり、読み切り版《ばん》『キャプテン翼《つばさ》』の主人公の「翼太郎《つばさたろう》」と同じ名前を持つ岬太郎《みさきたろう》は、世界の舞台《ぶたい》で戦《たたか》うえで「一番サッカーを愛《あい》し一番サッカーを楽しんだものこそが世界一になれるんだ」と言葉に力を込《こ》める。

北海道《ほっかいどう》で生まれ育ち、気迫《きはく》のこもったディフェンスを持ち味とする松山光《まつやまひかる》は「おれは翼《つばさ》や日向《ひゅうが》のような天性《てんせい》のサッカーの才能《さいのう》はない！　だ

から練習するんだ　才能《さいのう》のないやつは努力《どりょく》するしかないんだ!!」と自分に言い聞かせる。

翼《つばさ》や日向《ひゅうが》、若林《わかばやし》や岬《みさき》、あるいは松山以外《まつやまいがい》にも『キャプテン翼《つばさ》』には数えきれないほどのキャラクターが登場する。日本人だけではない。海外の選手《せんしゅ》も現実《げんじつ》の世界同様に、サッカーを生きがいとしている。そして僕《ぼく》はそれぞれの言葉や表情《ひょうじょう》、物事に向き合う姿勢《しせい》に、自分自身の理想と言えるような生き方を反映《はんえい》してきた。当然《とうぜん》、個々《ここ》の目標達成《もくひょうたっせい》への方法《ほうほう》や情熱《じょうねつ》の出し方は異《こと》なるけれど、みんな同じように夢《ゆめ》を持ち、大好《だいす》きなサッカーを心ゆくまで楽しんでいる。

『キャプテン翼《つばさ》』で一貫《いっかん》して描《えが》いてきた夢《ゆめ》を持つ大切さや好《す》きなことを続《つづ》ける重要性《じゅうようせい》は、僕《ぼく》自身が子どものころからずっと大事にしてきた生き

方でもある。

マンガ家になることを志《こころざ》し、でもまだ何者でもなかった中学時代や高校時代の自分。『週刊少年《しゅうかんしょうねん》ジャンプ』の「月例新人賞《げつれいしんじんしょう》」に応募《おうぼ》しながら、なかなか入選《にゅうせん》を果《は》たせなかった自分。「月例新人賞《げつれいしんじんしょう》」では佳作《かさく》どまりが続《つづ》き、デビューが近くて遠かった自分。テニスマンガの『翔《しょう》の伝説《でんせつ》』、野球マンガの『エース!』、ボクシングマンガの『CHIBI(チビ)』、『キャプテン翼《つばさ》』の「ワールドユース編《へん》」が打ち切りを告《つ》げられうなだれていた自分。

『キャプテン翼《つばさ》』を40年近く手がけ続《つづ》けられている今、決して順調《じゅんちょう》とは言えない状況《じょうきょう》に何度か直面しながらも、自分の作品を通して「夢《ゆめ》を持つ大切さや好《す》きなことを続ける重要性《じゅうようせい》を伝《つた》える」という思いを貫《つらぬ》き、あきらめないで大好《だいす》きなマンガを描《か》き続《つづ》けてきた自分を少しだけ誇《ほこ》らしく思う。

ちなみに、今の僕《ぼく》には新たな夢《ゆめ》もできた。僕《ぼく》自身が後援会《こうえんかい》会長を務《つと》める南葛《なんかつ》SCというサッカークラブのJリーグ昇格《しょうかく》だ。南葛《なんかつ》SCは2013年に僕《ぼく》の生まれ育った東京都葛飾区《かつしかく》に誕生《たんじょう》したクラブで、2018年シーズンは東京都社会人サッカーリーグ1部で奮闘《ふんとう》している。まだプロチームではないし、客観的《きゃっかんてき》に見てJ1までの距離《きょり》は決して短くはない。

それでも、僕《ぼく》は大きな夢《ゆめ》に胸《むね》がわくわくしている。無理《むり》な話だとはまったく思っていない。『キャプテン翼《つばさ》』の連載《れんさい》が始《はじ》まった1981年、日本にはプロのサッカーリーグはなかったし、日本代表は一度もワールドカップに出場したことがなかった。それが今やJリーグでは54クラブが全国各地《かくち》のスタジアムを盛《も》り上げ、日本代表はワールドカップの常連国《じょうれんこく》になっている。『キャプテン翼《つばさ》』だけではなく、日本サッカー界も、自分

たちの思いを強く信《しん》じて、しかるべき取り組みを行えば、夢《ゆめ》がかなうということを証明《しょうめい》した。
南葛《なんかつ》ＳＣがいつかＪ１で活躍《かつやく》する日を期待し、できる限《かぎ》りの力を尽《つ》くしていくという挑戦《ちょうせん》は、僕《ぼく》の人生を新たな楽しみで彩《いろど》ってくれている。

「ロベルトノート」の52ページ目

『キャプテン翼《つばさ》』には「ロベルトノート」というものが登場する。主人公の大空翼《おおぞらつばさ》に大きな影響《えいきょう》を与《あた》え続《つづ》けるロベルト本郷《ほんごう》が書き記したノートだ。ロベルトは日系《にっけい》ブラジル人の元サッカー選手《せんしゅ》で、現役《げんえき》時代はブラジル代表で10番を背負《せお》うほどの才能《さいのう》を持っていた。そんなロベルトが全国少年サッカー大会のあとに故郷《こきょう》のブラジルに帰る際《さい》、彼《かれ》なりの考えで小学生の翼《つばさ》を連《つ》れていくという約束《やくそく》は守らず、サッカーがうまくなるアプローチをあらゆる角度から記したノートだけを残《のこ》していく。

253ページにも及《およ》ぶ「ロベルトノート」には、シュートやパス、ドリブルやテクニックの上達方法《じょうたつほうほう》だけが書かれているわけではない。ロベルトは52ページ目で、翼《つばさ》に対してサッカーそのものについて伝《つた》えている。中学生になった翼《つばさ》は、ジュニアユースの試合中《しあいちゅう》にロベルトからのメッセージを思い出す。「翼《つばさ》へ――」という呼《よ》びかけから始まる52ページ目には、次のように記されている。

翼《つばさ》——
なぜサッカーは　こんなにも楽しいんだろう
世界中で　もっとも愛《あい》され親しまれている
スポーツ——サッカー
おれが思うに　それは　もっとも単純《たんじゅん》で
もっとも自由なスポーツだからじゃないだろうか

グラウンドにたてば　監督《かんとく》からのサインなど
なにもない
自分で考え　自分でプレイする
なににもしばられることなく

ほかの10人の仲間《なかま》たちと
ただひとつのボールをめざし
たたかうスポーツ　サッカー

サッカーは　自由だ
グラウンド中央
ボールをもったら
どうする　翼《つばさ》
なにをしてもいいんだ
ドリブルしても
パスしても
シュートしても

なにもしないで
とまっていたっていい
パスだって　前にも横にも
うしろにも　どこだってＯＫ
それは　ドリブルだっていっしょだ

翼《つばさ》　サッカーは自由だ――
おれは　そんなサッカーが　大好《だいす》きだ
だから　翼《つばさ》にも　サッカーを
やりつづけるならば
だれよりも　サッカーの
その楽しさを　愛《あい》してほしい――

このメッセージを読んで君はどう感じるだろうか。作者だからというわけではないけれど、僕《ぼく》はロベルトの意見に賛成《さんせい》だ。「サッカーは自由だ」し、だからこそプレーする時間もスタジアムで見る時間も楽しいのだと思う。「なにをしてもいい」し、「なにもしないでとまっていたっていい」という解放《かいほう》された選択肢《せんたくし》があるからこそ、一流の選手《せんしゅ》たちは誰《だれ》もが、見る人間が予測《よそく》すらできないプレーをくり広げてくれるのだろう。教科書どおりではなく、意表を突《つ》くプレーや結果《けっか》にこそサッカーのおもしろさがあると僕《ぼく》は思う。

実際《じっさい》、翼《つばさ》はずっと自由にプレーしてきた。『キャプテン翼《つばさ》』の最初《さいしょ》のヤマ場となった試合《しあい》、南葛《なんかつ》小学校と修哲《しゅうてつ》小学校の対抗戦《たいこうせん》からして、翼《つばさ》は監督《かんとく》の言葉などどこ吹《ふ》く風で、試合《しあい》を楽しみ、勝つためにあえて指示《しじ》を

聞き捨《す》ててみせる。監督《かんとく》のロベルトからスイーパーという守備的《しゅびてき》なポジションでのプレーを要求《ようきゅう》されながら、「せめてこい！」という相手ゴールキーパーの若林《わかばやし》の視線《しせん》にたきつけられ、守備的《しゅびてき》なプレーエリアを飛《と》び出す。そしてドリブルでどんどん相手をかわしてシュートまで持ち込《こ》む。

前半が終わりハーフタイムに入ると、監督《かんとく》のロベルトは自分の指示《しじ》を無視《むし》した翼《つばさ》をしかりつけるどころか、その自由さに笑顔《えがお》を浮《う》かべて、次のように語りかける。

「ひとりだけ作戦《さくせん》を無視《むし》したヤツがいたな」

「おれもよく監督《かんとく》の指示《しじ》を無視《むし》したことがあったがな」

「そしてそれが監督《かんとく》のたてた作戦《さくせん》よりうまくいったこともある　今回の翼《つばさ》みたいにな」

「翼《つばさ》！　サッカーは自分の考えでプレイするスポーツだ！　これからも自分の判断《はんだん》は大切にしていいんだぞ！」

「ロベルトノート」しかり、対抗戦《たいこうせん》のハーフタイムのロベルトの言葉しかり、僕《ぼく》は自分の考えが尊重《そんちょう》される部分がサッカーの魅力《みりょく》だと感じているのだと実感する。自分で決めて、自分で実行する。自分の心に正直であるほうが楽しいし、自らの意思で喜《よろこ》びを見いだそうとする姿勢《しせい》こそが、サッカーだけでなく、人生の本質《ほんしつ》ではないかと思うのだ。

サッカーもマンガも自由、人生も自由

この本を書くにあたって自分のこれまでの歩みを振《ふ》り返ったうえで、あらためて「ロベルトノート」を読み返してみると、そこに自分の理想《りそう》としてきた生き方が反映《はんえい》されているような気がする。「サッカー」という言葉を「人生」に置《お》き換《か》えてみる。すると「ロベルトノート」に、大好《だいす》きなマンガを軸《じく》に生きてきた僕《ぼく》自身の生きる姿勢《しせい》のようなものが見えてくるのだ。

マンガ家になりたい——僕《ぼく》はその思いを形にするため、まずは「なににもしばられることなく」好《す》きな絵を描《か》き続《つづ》け、どうすれば夢《ゆめ》に近づけるか、十代なりに「自分で考え」て行動した。「なにをしてもいい」という強い思いも少し手伝《てつだ》って、マンガを描《か》いて生きていきたいから、中学生のときに作品を応募《おうぼ》したし、高校生のときには出版社《しゅっぱんしゃ》に自ら電話をかけた。プロのマンガ家になってから、何度か〝打ち切り〟という悔《くや》しさも味わったけれど、「やりつづける」ことで前に進んできた。編集者《へんしゅうしゃ》やアシスタントといった「仲間《なかま》たち」と一緒《いっしょ》に、いい作品をつくり続《つづ》けようという思いでペンを握《にぎ》り続《つづ》けてきた。

また、僕《ぼく》が自分の最初《さいしょ》の作品のテーマとしてサッカーを選《えら》んだのも、サッカーというスポーツが自由だったからというのが大きいような気がする。実はサッカーとマンガというのは似《に》ている部分があって、マンガもサッカーと同じく自由なのだ。サッカーが広いピッチで自由にプレーしていいのと同じように、マンガも真っ白な紙のうえで、どのように描《か》いても、どのように表現《ひょうげん》してもいい。サッカーもマンガも自由なのだ。

また、サッカーは人生にも通じる。ロベルトは「サッカーは自由だ」と書いたけれど、その言葉を借《か》りてあえて僕《ぼく》は「人生は自由だ」と言いたい。

自分の人生なのだから、「自由」に生きることが何より大切だと思う。もちろん、自分で決めて、自分で実行するという「自由」には、失敗《しっぱい》を受け入れたり、遅《おく》れを挽回《ばんかい》したりする心の強さが必要《ひつよう》だ。当然《とうぜん》、僕《ぼく》が言う「自由」を「わがまま」とはき違《ちが》えてほしくはない。僕《ぼく》が生きてきた人生で定義《ていぎ》づける「自由」とは、「こうなりたい」とか「これをやりたい」とか「これが好《す》きだ」という感情《かんじょう》にふたをする必要《ひつよう》はないし、だとしたらそこに生じるかもしれない苦しい状況《じょうきょう》にもきちんと向き合うべきということだ。

自分の気持ちが誰《だれ》にも迷惑《めいわく》をかけず、むしろ誰《だれ》かを幸せにする可能性《かのうせい》があるのなら、好《す》きなことをどんどん突《つ》き詰《つ》めたほうがいい。誰《だれ》かに言われたり、周《まわ》りがそうだからと感じたりしてあらかじめ存在《そんざい》するレールを歩むよりも、「こうなりたい」とか「これをやりたい」とか「好《す》きだ」という自分の気持ちに正直に夢《ゆめ》を追うほうがずっと楽しいはずだ。

もちろん、僕《ぼく》が下描《したが》きのネームで何度もボツをくらったり、マンガの連載《れんさい》を打ち切られたりしたように、好《す》きなことを追い続《つづ》ける中では、つまずくこともある。大きな壁《かべ》にぶつかったりする場面もあるだろう。でも、これまで何度か話してきたとおり、そこであきらめないことが重要《じゅうよう》だと僕《ぼく》は思う。

イタリア代表の背番号《せばんごう》10を長らく背負《せお》い、2006年のワールドカップでは優勝《ゆうしょう》の立役者《たてやくしゃ》の一人となったフランチェスコ・トッティは『キャ

プテン翼《つばさ》』から「不可能《ふかのう》と思えることにも挑戦《ちょうせん》する気持ちを学んだ」と語っている。イタリアサッカー史《し》に名を残《のこ》す英雄《えいゆう》が、少年時代にきちんと作品のテーマを感じ取ってくれていたのには本当に感動した。トッティは『キャプテン翼《つばさ》』は「世界のサッカーに対して最高《さいこう》にポジティブな影響《えいきょう》を与えた」と、僕《ぼく》にとっては最大級《さいだいきゅう》のほめ言葉も届《とど》けてくれた。

僕《ぼく》自身、トッティ少年が身につけたという「不可能《ふかのう》と思えることにも挑戦《ちょうせん》する気持ち」はとても大切だと思っている。「失敗《しっぱい》は成功《せいこう》のもと」という言葉もあるように、たとえしくじったとしても、なぜうまくいかなかったかを考えれば、次の道に必《かなら》ずつながる。好《す》きなことにひたすら打ち込《こ》んで夢《ゆめ》を追い続《つづ》けることが何より重要《じゅうよう》だ。くじけずに何かを続《つづ》けていく生き方は、必《かなら》ず成功《せいこう》に結《むす》びつくとは言えないけれど、間違《まちが》いなく成長《せいちょう》にはつながっていく。

夢《ゆめ》を持つということ

ジュニアユースという世界大会の試合中《しあいちゅう》に「ロベルトノート」の52ページ目を思い出した翼《つばさ》は、大会後、「サッカー世界一をきめる大会はみなさんもごぞんじのワールドカップです」と話し、次のように宣言《せんげん》する。

ボクたち日本は
そのワールドカップに
まだ一度も出場したことがありません
本選《ほんせん》に出場するためのアジア予選《よせん》を
まだ一度も勝ち抜《ぬ》いていないのです

だけどボクたちの夢《ゆめ》は
そのワールドカップで
優勝《ゆうしょう》することです

かなわない夢《ゆめ》かもしれない

だけど　夢《ゆめ》を追うことは自由です
そして
夢《ゆめ》にむかってがんばることは
ムダなことじゃない
すばらしいことだと
ボクは信《しん》じています

日本のワールドカップ優勝《ゆうしょう》
それは一生かなわない
はかない夢《ゆめ》かもしれない…

だけど
おれは…
おれたちは…

いつまでも
その夢《ゆめ》にむかって
走りつづけます――

翼《つばさ》のこの言葉に、マンガ家として、そして一人の人間としての僕《ぼく》の人生観《じんせいかん》が詰《つ》め込《こ》まれている。この本をここまで読んでくれた君なら、もう十分にわかっているだろう。翼《つばさ》が話してくれたように、『キャプテン翼《つばさ》』という作品の登場人物が見せてきたように、そして僕《ぼく》が証明《しょうめい》してきたように、「夢《ゆめ》を追うことは自由」だし、「夢《ゆめ》にむかってがんばることはムダなことじゃない」のだ。

　夢《ゆめ》を持つということは、明確《めいかく》なゴールをイメージするという行為《こうい》だ。具体的《ぐたいてき》な最終目的地《さいしゅうもくてきち》が決まれば、「なりたい自分」にたどり着くためには、自分にはまだ何が足りないか、自分が何をすべきなのか、自分には何が必要《ひつよう》なのかがはっきりとわかってくる。たとえばプロサッカー選手《せんしゅ》になるという目的《もくてき》と、ワールドカップで優勝《ゆうしょう》するという目標《もくひょう》では、そこに至《いた》るまでのコースや乗り越《こ》えるべき課題《かだい》は変《か》わってくる。学校生活も同じだ。テストで全教科100点をめざすのと、国語だけ100点を狙《ねら》うのとでは、取り組み方も全く違《ちが》ってくるだろう。

君も「こうなりたい」とか「これをやりたい」とか「これが好《す》きだ」という自分の気持ちに正直に、常《つね》に前を向き続《つづ》けてほしい。具体的《ぐたいてき》なゴールをしっかりと見据《みす》え、「なりたい自分」に成長《せいちょう》するために今の自分がするべき物事に全力を注いで、壁《かべ》に突《つ》き当たってもくじけない心の強さを持ち続《つづ》けてほしい。たとえ失敗《しっぱい》しても一歩でも足を前へと踏《ふ》み出せば、今日よりも明日がもっと輝《かがや》くし、少しずつかもしれないけれど、思い描《えが》く未来《みらい》にきっと近づいていける。僕《ぼく》はそう信《しん》じている。

Admiral

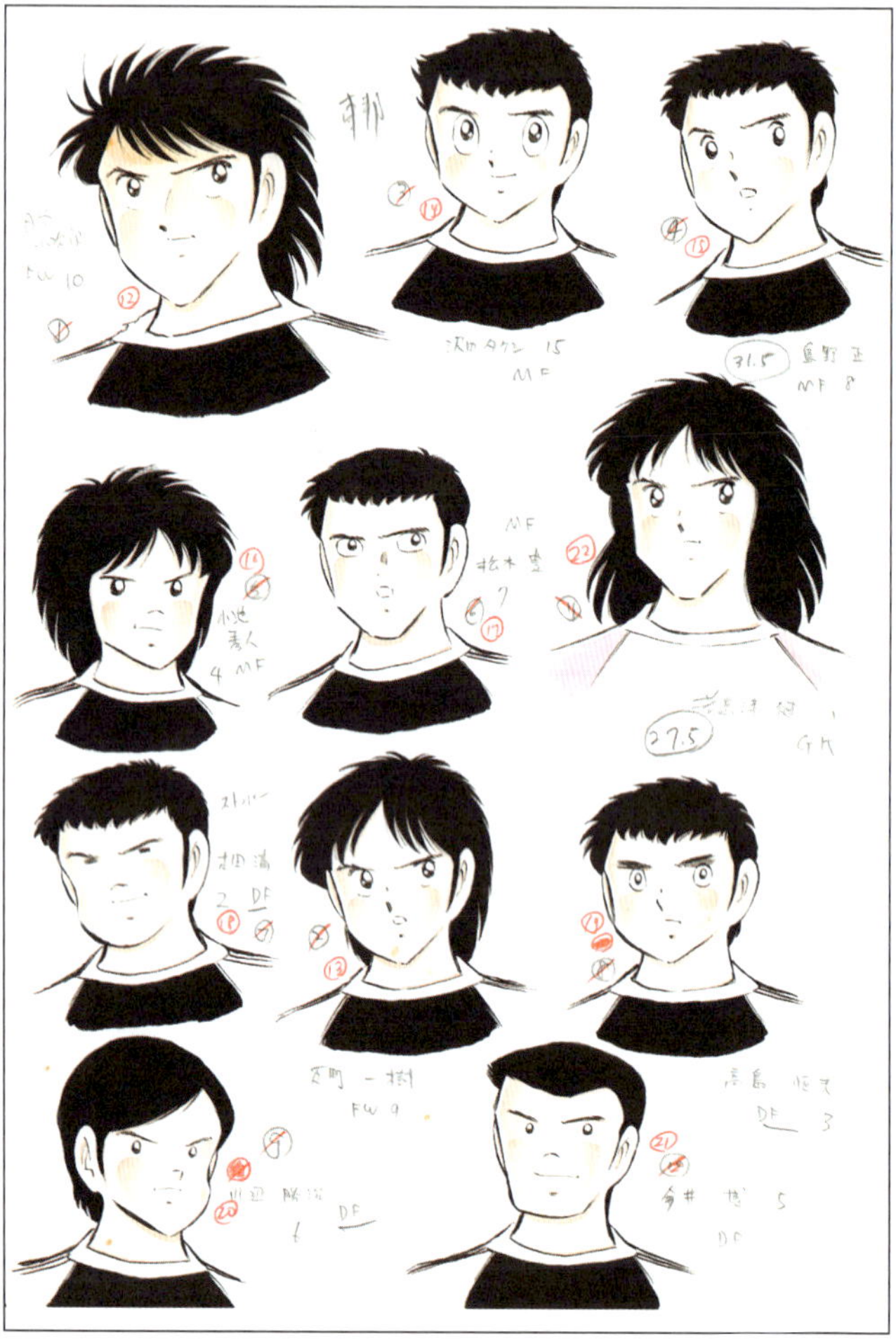

56
58
57
60
61
59

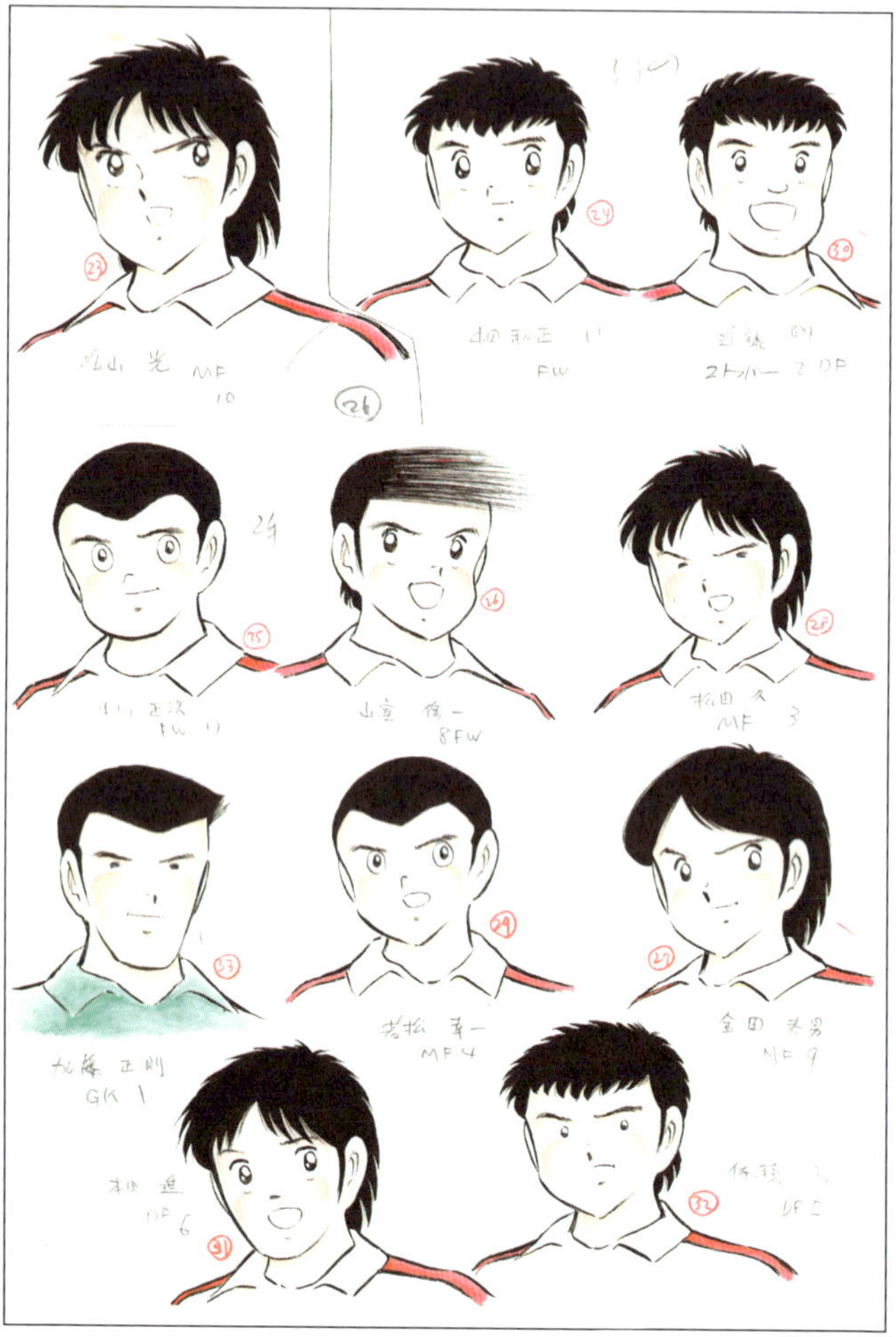

MF 10
FW
8FW
MF 3
GK 1
MF 4
DF 6

比良戸
次藤 洋 5
DF
佐野 満 FW 16
2 DF
DF 3
FW 10
DF8
GK1
MF 6
MF9
MF4
MF 7

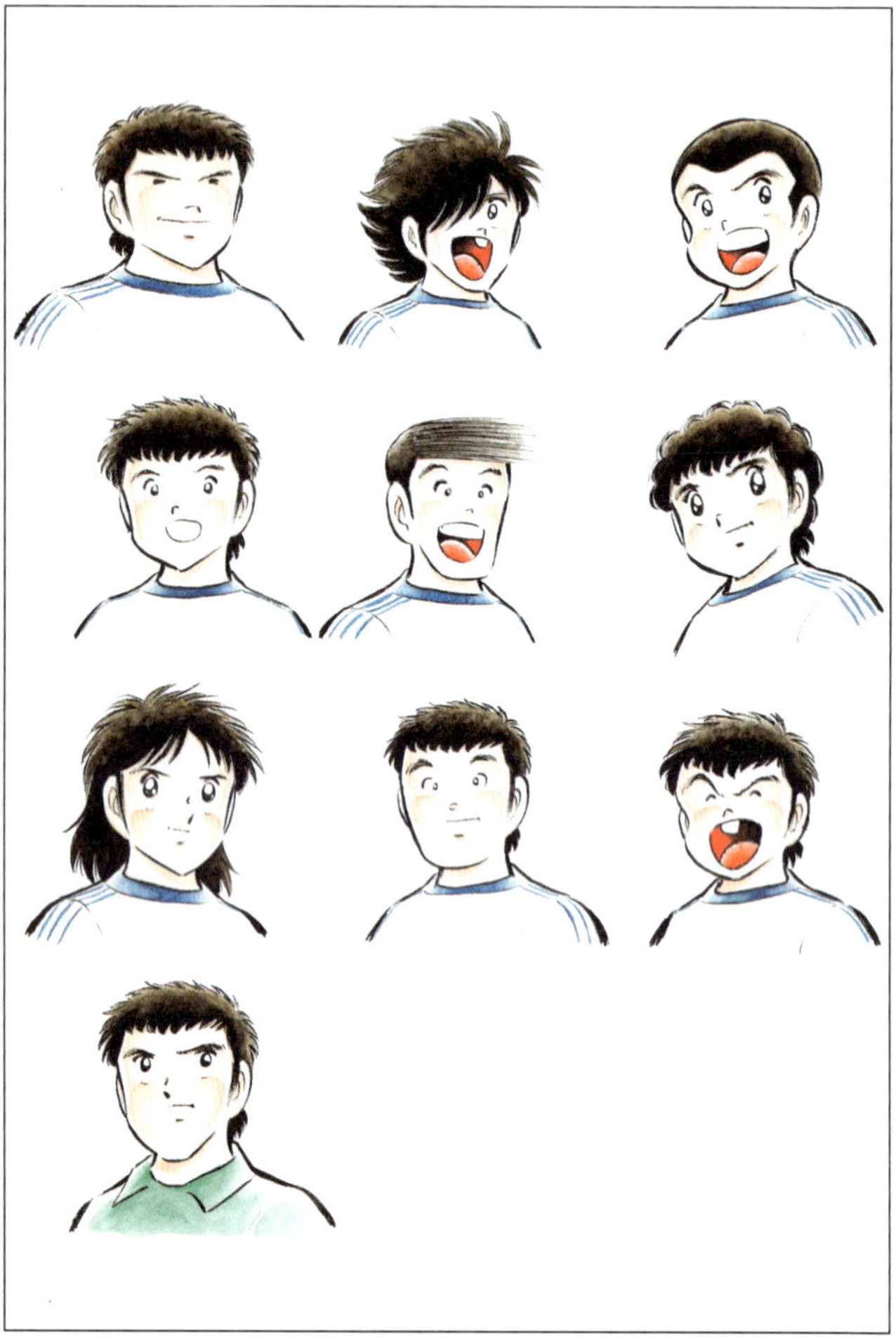

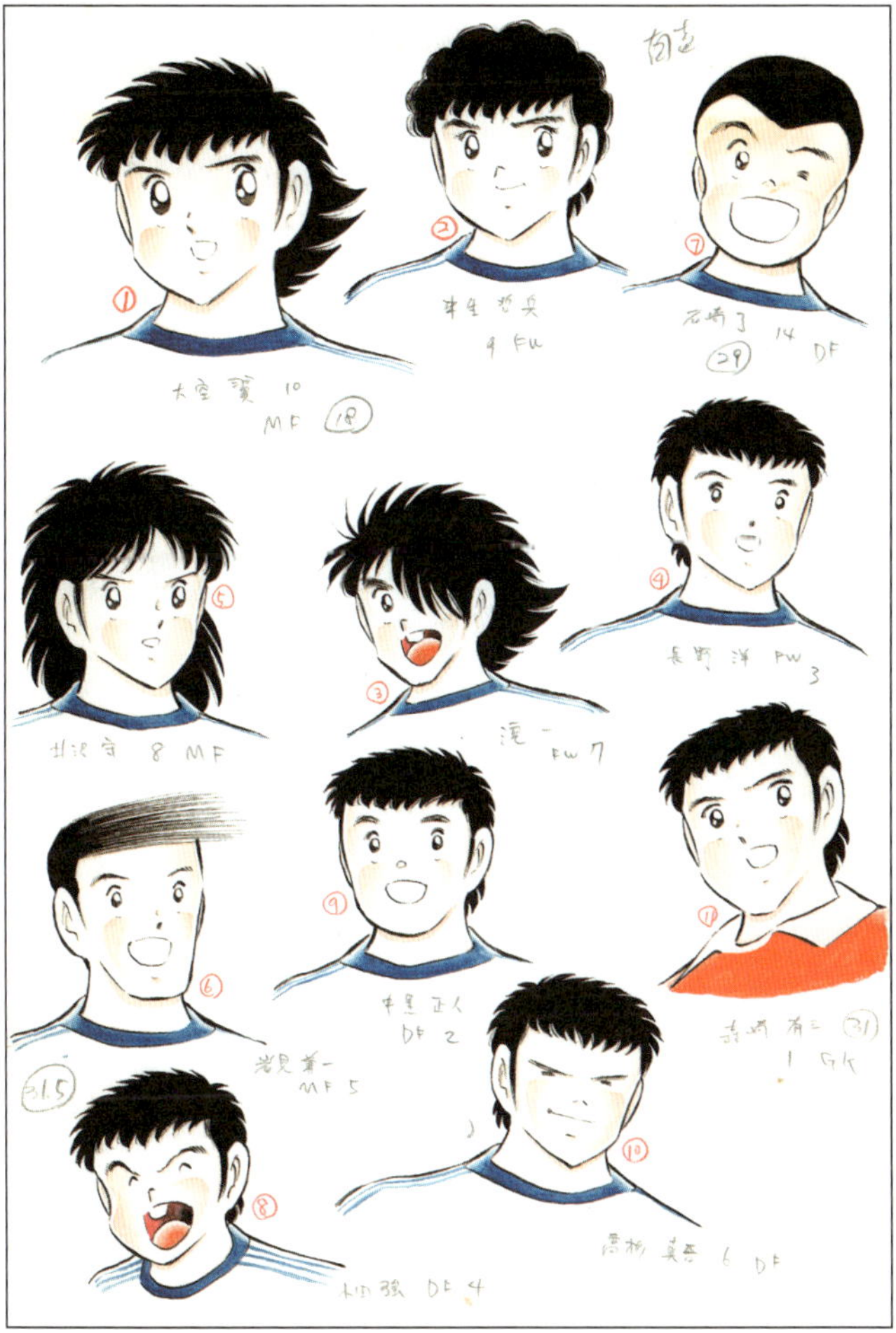

キャプテン翼のつくり方

2018年7月28日 第1刷発行

著者　高橋 陽一

取材・構成　岩本 義弘(株式会社 TSUBASA)／菅野 浩二(ナウヒア)
協力　株式会社 集英社

編集人　江川 淳子、諏訪部 伸一、野呂 志帆
発行人　諏訪部 貴伸
発行所　repicbook（リピックブック）株式会社
〒353-0004　埼玉県志木市本町 5-11-8
TEL　048-476-1877
FAX　048-483-4227
http://repicbook.com
印刷・製本　株式会社シナノパブリッシングプレス

紙のはしや本のかどで手や指を傷つけることがありますのでご注意ください。

　ISBN978-4-908154-14-0